精准扶贫模式的高校探索
华南理工大学的实践与启示丛书

主编 章熙春 副主编 麦均洪

授人以渔

重教扶智实践与创新

SHOUREN YIYU
ZHONGJIAO FUZHI
SHIJIAN YU CHUANGXIN

◎ 尉馨元 李慧龙 王峥 等编著

華南理工大學出版社
SOUTH CHINA UNIVERSITY OF TECHNOLOGY PRESS
·广州·

图书在版编目（CIP）数据

授人以渔：重教扶智实践与创新 / 尉馨元，李慧龙，王峥等编著. —广州：华南理工大学出版社，2020.10

ISBN 978-7-5623-6471-9

Ⅰ. ①授… Ⅱ. ①尉… ②李… ③王… Ⅲ. ①高等学校－扶贫－研究－中国 Ⅳ. ① F126 ② G649.2

中国版本图书馆 CIP 数据核字（2020）第 172051 号

授人以渔：重教扶智实践与创新
尉馨元　李慧龙　王峥　等编著

出 版 人：卢家明
出版发行：华南理工大学出版社
（广州五山华南理工大学 17 号楼，邮编 510640）
http://www.scutpress.com.cn　E-mail：scutc13@scut.edu.cn
营销部电话：020-87113487　87111048（传真）
出版统筹：王　磊
责任编辑：王　倩
责任校对：袁桂香
印 刷 者：广州市人杰彩印厂
开　　本：787mm × 960mm　1/16　**印张：**11.5　**字数：**207 千
版　　次：2020 年 10 月第 1 版　2020 年 10 月第 1 次印刷
定　　价：66.00 元

精准扶贫模式的高校探索
——华南理工大学的实践与启示丛书

编委会

总序

章熙春

习近平总书记指出，消除贫困是当今世界面临的最大全球性挑战，“消除贫困、改善民生、逐步实现共同富裕，是社会主义的本质要求，是我们党的重要使命”①。新中国成立以来，党和政府带领人民持续向贫困宣战，经过改革开放四十多年来的努力，我国成功走出了一条中国特色扶贫开发道路，成为世界上减贫人口最多的国家，也是世界上率先完成联合国千年发展目标的国家，充分彰显了中国共产党领导和中国特色社会主义制度的巨大优越性。其中，高校作为中国特色扶贫体系的一支重要力量，具有人才资源集中、教育资源丰富、校友资源广布等特点，在激活贫困地区脱贫内生动力和持续发展能力方面具有显著优势，为中国减贫事业做出了不可或缺的贡献，并将在助力长效脱贫、阻断返贫链条以及助推乡村振兴的实践中扮演更为关键的角色。因此，总结高校扶贫经验与模式对后扶贫时代的扶贫工作具有重大现实意义。

作为国家重点建设的“双一流”大学，华南理工大学与定点帮扶地区人民携手八载、砥砺前行，始终坚持以人的可持续发展为核心，构建“大教育扶贫”帮扶格局，打造重教扶智、兴业扶产、振乡扶民“三扶一体”的“全方位扶贫”体系，实施智力扶贫、产业扶贫和组织扶贫等“精准化扶贫”帮扶举措，取得了贫困地区发展动力、发展活力与发展能力“三力协同”的“可持续发展”帮扶成效，为精准扶贫模式的高校探索贡献了“华工方案”。

笃行：砥砺八载构建“大教育扶贫”帮扶格局

华南理工大学坚持将定点扶贫纳入全校“一盘棋”来谋划，并作为“一把手”工程来推进，构建了学校党委书记和校长挂帅亲征、扶贫开发领导小组牵头统筹、各部门分工合作、全校师生员工和校友共同参与的“大教育扶贫”帮扶格局。

早在2004年，根据广东省“十百千万”干部下基层驻农村的要求，华

①习近平．在中央扶贫开发工作会议上的讲话（2015年11月27日）［M］//十八大以来重要文献选编：下．北京：中央文献出版社，2018：31.

南理工大学就开始选派驻村干部参与扶贫开发工作。2013 年起，按照教育部关于滇西边境山区区域发展与扶贫攻坚工作的统一部署，华南理工大学定点扶贫云南省临沧市云县，同时选派干部到云南省普洱市孟连傣族拉祜族佤族自治县（下称孟连县）挂职。2016 年 4 月开始，华南理工大学又积极响应教育部和广东省定点扶贫工作部署，全力推进广东省揭阳市惠来县孔美村的扶贫工作。学校以习近平总书记关于扶贫工作重要论述精神为指导，紧紧把握“扶贫开发贵在精准，重在精准，成败之举在于精准”的核心要义，认真落实教育部陈宝生部长“四个真”和“四件事”的具体要求，结合当地实际情况，依托学科优势、人才力量、科研实力、社会资源等，充分发挥智库作用和专业优势，精心谋划、长远布局，着力从传统的“输血式扶贫”转变为“造血式扶贫”，全方位落实落细帮扶举措，充分激活了定点帮扶地区的“内生造血”能力。

在具体举措上，2013年以来，华南理工大学累计选派扶贫干部20人，深入定点帮扶地区开展“三支一扶”工作的师生超过2500人次，培训定点帮扶地区党政领导干部和专业技术骨干累计超过8000人次。华南理工大学举全校之力，组建了云县全域旅游规划项目团队，确定了“1510”一体化全域发展策略（即1套顶层设计、5大落地抓手、10项推进行动），为云县精准扶贫谋划了清晰的“路线图”；积极发挥校友等社会资源的重要作用，为云县梳理谋划了近100个“旅游+”和“+旅游”相关项目，并以校友为纽带，发动一流企业和一流投资商到地方落地投资，总额近5000万元；开展“白花木瓜资源开发基础研究”和“木瓜醋及膳食纤维饮料开发”科研项目，对云县茅粮酒业集团司岗里果酒系列产品的开发和营收贡献达上亿元；完成孔美村《社会主义新农村示范村整治创建规划》编制，获得“南粤村庄（整治）规划设计大赛特等奖”；成立“孔子美种植专业合作社”，为孔美村引进和种植“软华优1179”等3个优质水稻品种……在全体师生以及帮扶地区各级党政机关干部、人民群众共同努力之下，华南理工大学精准扶贫工作成效振奋人心：2018年9月，云县成为云南省史上第一次、滇西第一批、临沧市第一个脱贫摘帽县，正式退出国家贫困县行列，2019年云县贫困发生率为零；2019年12月，孔美村94户贫困户412人全部脱贫，孔美村退出贫困村之列。

华南理工大学精准扶贫工作成效得到了社会各界的广泛认可。学校定点扶贫项目从2017—2020年连续四年被评为教育部直属高校精准扶贫精准脱贫典型项目，定点扶贫工作连续两年被国务院扶贫办评定为“好”（最高等次）。2015年，学校“构建多层次、多形式的教育帮扶体系”被教育部评为

"滇西边境片区精准扶贫典型落地项目"，并收入《高校定点扶贫典型案例集》。2016年，学校"孟连县生态牧场建设、肉牛育肥及特色牛肉制品加工关键技术研究与产业化"科研项目，被推荐为"云南科技创新强省计划（农业）州（市）党政一把手科技示范工程项目"。2017年，学校"普洱茶文化旅游产教融合新模式的探索与示范"获批教育部"西南地区旅游和健康教育扶贫试验项目"。2018年，学校作为8所扶贫经验介绍高校之一，在全国教育扶贫论坛上做主旨发言。2019年，学校作为4所部属高校之一，在教育部直属系统扶贫工作推进会上交流定点扶贫典型项目经验。学校定点扶贫经验还被收录到《中央单位定点扶贫案例》和《全国教育扶贫典型案例》中。

求索："三扶一体"的"全方位扶贫"帮扶体系

在长期深入的帮扶实践中，华南理工大学通过打造重教扶智、兴业扶产、振乡扶民"三扶一体"的"全方位扶贫"帮扶体系，逐步探索出智力扶贫"I–DEA"模式，基于品牌价值提升的高校全产业链扶贫模式以及高校扶贫"RAISE"模式等"精准化扶贫"帮扶举措。三个层面的帮扶举措在塑造贫困乡村发展动力、增强发展活力、强化发展能力，推动贫困地区民智、民生、民志共同发展，让贫困群众心思"活起来"、生产"动起来"、生活"富起来"等方面，形成了"三力协同"的"可持续发展"帮扶格局。

一、以重教扶智塑造内生动力

习近平总书记指出，扶贫必扶智，治贫先治愚。良好的知识结构是农村脱贫的内在动力。华南理工大学在智力扶贫工作中不断贯彻"大教育扶贫"理念，通过知识的传播与渗透，提升贫困家庭自我发展的内生动力，并将这些内生动力转化为脱贫发展的势能，逐步构建起以"党政引智"（intelligence delivery）为"纲"，以"孕才育智"（intelligence education）为"柱"，以"长效增智"（intelligence accumulation）为"径"的智力扶贫"I–DEA"模式。

华南理工大学重视通过挂职干部对定点帮扶地区的群众进行"扶志化民"，灌输先进的思想理念并培植积极的脱贫信念，从而塑造优良的乡风民风，培育和壮大贫困地区群众"靠辛勤劳动改变贫困落后面貌"的内生动力。依托本校及各级附属教育机构的办学优势，华南理工大学重点扶持对口支援贫困地区的教育事业发展，集中开展两地中小学、幼教教师交流和各类教师培训指导活动，加强教育人才输送以及物质性教育资源投入，构筑并强化了贫困地区人力资本提升、贫困代际传递阻断的组织标杆。

智力扶贫不仅包括常规的基础教育扶贫，还包括对基层干部、普通村民的能力培训。华南理工大学依托自身党建组织工作优势，通过挂职党政干部和学生党员志愿者队伍，充分发挥党建引领作用，积极依靠现代信息技术开展“云上”培训和党建活动等，对定点帮扶地区干部队伍进行思想“扶志”软培训，从组织建设上提升对口帮扶地区干部的认识水平和精神风貌，构筑起当地脱贫工作的坚强战斗堡垒。依托高校专业研究与教学优势，华南理工大学组织相关院系对接定点帮扶地区的生产经营企业，通过开展线上技术技能培训与实地技术帮扶指导，以及组织帮扶地区企业家赴发达地区先进企业参观学习等活动，从“请进来”和“走出去”两方面为定点帮扶地区产业发展提供智力支持。同时，学校不定期开展针对企业负责人的经营管理培训，从生产经营“硬技术”和经营管理“软技能”两个方面为定点帮扶地区企业提供智力支持，实现“扶智”与“扶产”目标的有效衔接，将教育扶贫举措真正延伸至可直接提高贫困地区经济效益的领域。

二、以兴业扶产增强发展活力

良好的产业结构与基础，是实现农村脱贫与可持续发展的重要条件。华南理工大学在组织实施产业扶贫的过程中，十分注重农村产业需求与高校优势资源的适配性。在开展产业扶贫项目之前，注重对农村产业基础的科学调研，在充分把握当地产业发展需求的基础上，结合高校的优势资源，综合研判未来产业与市场发展趋势，规划与部署产业扶贫项目，从而有效提升农村产业的发展活力。在“需求—供给相适配”的理念和“全产业链扶贫”的思路指引下，华南理工大学将当地产业发展的实际需求和学校的专业优势结合起来开展产业扶贫工作，切实提高了当地农民的收入。

华南理工大学在孟连咖啡产业和云县云酒产业、云茶产业、云鸡产业、云县电商产业的扶贫实践中，逐步形成了“基于品牌价值提升的高校全产业链扶贫创新模式”。例如，华南理工大学在对孟连地区的农特产品进行调研后发现，优质咖啡种植是振兴当地经济的一个重要产业资源，但是产业初级、生产粗放，没有深加工产业链，没有畅通的销售渠道以及品牌知名度不高等问题，都严重制约着当地咖啡产业的发展，优质咖啡在市场上被贱卖，直接导致咖啡种植户的收入难以提高。产业振兴的关键在于品牌振兴，只有打通渠道、提升品牌价值，才能带动咖啡产业整体链条的价值提升。为此，学校挂职干部和帮扶团队全面导入“品牌农业”战略，创建了一个少数民族文化与校园文化结合的品牌——“华&连咖啡”，开发和创新咖啡产品，以独特的中国风味主张回溯咖啡生产加工、产品研发以及绿色高效种植等环节，实现以品牌价值拉动咖啡种植、研发、生产、加工、销售等产业链各环节的价值提升，最终有效提升了云南孟连咖啡的市场竞争力。除了孟连咖啡，华南理工大学还为云县茶、酒、鸡等产业，提供了“全产业链扶贫”的帮扶举措，产生了巨大的商业价值和社会效益。

三、以振乡扶民强化持续能力

农村组织建设是扶贫工作的重中之重，是应对农村扶贫需求与扶贫供给“双重分散性”挑战的重要举措①，也是乡村振兴的必备能力要件②。除了智力扶贫和产业扶贫，华南理工大学也非常重视组织扶贫，包括人才队伍的培育和良善制度的建设。华南理工大学以全域共兴作为理念引领，以组织化为路径，通过农村社会关系重塑、人居环境提升以及文化治理三个方面重塑农村社会的公共性，形成了高校扶贫“RAISE”模式——把贫困地区作为一个有机整体，以“R”（reorganize，再组织化）为路径、“A”（autonomous，基层自治）-“I”（inspiring，文化激励）-“S”（sustainable，环境可持续）为行动指引、“E”（ego，内生动力）为目标，为贫困地区构建一个组织的“稳态”。

在农村经济社会的发展中，人才是核心，领导干部是关键。无论是智力扶贫还是产业扶贫，最终所有工作都要由人来执行，从这个意义上讲，人才队伍的组织建设是扶贫工作中最为重要的因素。华南理工大学的扶贫工作改变了过去单纯向贫困地区输送干部人才的做法，转而为贫困地区培养大批本土化的科技和管理人才，并通过人居环境与文化治理使人才队伍与制度建设相互嵌合，以组织化建设回应基层治理公共性的提升需求，真正实现组织动员功能。具体举措包括以下几个方面：一是通过挂职干部人才输送、培养当地的基层干部队伍和新型农民，塑造政府、社会、市场等领域的多中心公共治理主体。通过引入良善的组织制度，例如基层党建制度、村民自治制度等，持续不断地吸引更多的人才进入村级组织，激励其更好地开展扶贫发展工作。二是从“全域—社区—民居”三个层面实现突破，通过人居环境建设与提升，为乡村组织化建设提供一个稳定、可持续的公共空间载体。三是推动贫困地区文化传统、文化经济与文化精神三个要素的再造，复兴乡村公共

①夏支平．农村精准扶贫的组织问题［J］．农业经济问题，2019（9）：31-38.

②贺雪峰．农民组织化与再造村社集体［J］．开放时代，2019（3）：186-196.

精神。在扶贫资源统筹配置、治理关系组织重塑、人居环境场域建设和地方文化活化再造中，发挥党建下乡与组织引领的作用，激活乡村社会的公共利益、公共空间和公共精神，有力推动了贫困地区的减贫与发展。

致远：以“可持续发展”帮扶成效推动乡村振兴

习近平总书记指出，2020年“是决战决胜脱贫攻坚和全面建成小康社会的收官之年，要千方百计巩固好脱贫攻坚成果，接下来要把乡村振兴这篇文章做好，让乡亲们生活越来越美好”①。面向未来，高校帮扶工作不仅要关注农民减贫、不返贫问题，更需要发挥自身知识集聚的科研优势，思考乡村可持续发展的问题，担当好乡村发展的转化器、适配器、接合器角色，肩负起助推乡村振兴的时代使命。

一、内生潜能与发展势能的转化器

高校智力扶贫应当做好乡村内生潜能与发展势能的转化器。农村贫困很大程度上是由于知识贫困，农民的认知能力和技能水平受到限制，无法形成自我发展的势能，难以摆脱贫困。因此，农村的脱贫发展需要一场知识革命，通过教育和技能培训提升农民的认知能力，激发其自我发展的内生动力。农民知识技能的提升将直接助力产业发展，使他们能够更好地参与到相关的产业工作中，从而提升其经济收入。同时，农村基层组织的完善也需要管理人才作为支撑，农民知识技能的提升可以为组织扶贫提供能力基础，有利于基层组织制度的良性运行和维护。

高校具有丰富的知识储备和传播团队，智力扶贫可以说是高校扶贫的重头戏。在智力扶贫中必须坚持内在潜能与发展势能的良性转化，强调全社会的“大教育扶贫”，让高校帮扶成为农村内生潜能与发展势能的转化器。除了传统的教育帮扶，高校也要重视对农民的技能培训，确保知识能够转化为农民脱贫发展的能力储备。更为重要的是，高校在智力扶贫中应进一步强调将内在能力储备转化为强大发展势能，在精神层面实现从“要我脱贫”到“我要脱贫”的转变，在乡村社会完成一次全面发展的知识革命。扶贫既要“扶智”，更要“扶志”，这是高校智力扶贫能够切实发挥作用的关键。

二、市场需求和产业供给的适配器

高校产业扶贫应当做好外部市场需求与乡村产业供给的适配器。所谓

①2020年5月11—12日，习近平总书记在山西考察时的讲话.

贫困，其基本含义在于家庭收入难以维持家庭的合理支出。对此，扶贫的首要任务是提高农民家庭的经济收入。而要提高农民的经济收入，产业发展是基础，只有发展更多更好的产业，才有可能持续提升农民的收入。同时，产业的发展也有助于智力扶贫的开展，尤其是在提升农民生产技能方面。换言之，智力扶贫尤其是技能扶贫离不开产业载体，只有在推动产业发展的实践中，农民的知识技能才有可能真正得到提升。同时，产业发展也为组织扶贫提供了经济支持，产业的发展正是农民组织化发挥作用的重要契机，例如管理人才的培养、组织制度的完善，都可以在产业发展中得以实践。只有农村的产业发展起来，组织建设所需要的人才方能留得下，组织的制度才有可能长期有效运转。

高校产业扶贫必须坚持需求与供给的适配性，倡导“全产业链扶贫”的思路。作为科研单位，高校的产业扶贫非常注重前期的需求调研，通过实地考察、座谈访谈、数据采集分析，明确扶贫对象的真实困难与可能的市场需求，尤其是全产业链各环节中存在的问题和原因，继而结合高校自身的优势资源（尤其是学科资源和科研优势）进行需求匹配，在需求—供给相适配的基础上，制定合理的扶贫发展规划。

三、善治人才和良序组织的接合器

高校组织扶贫应当做好乡村善治人才和良序组织的接合器。农村的脱贫和可持续发展，本质上是一项公共产品供给的过程，所有人都将在这个过程中受益，也都需要深度参与其中。在这个意义上，脱贫发展从来就不是贫困人员的个人事情，而是具有公共属性的组织活动。农村的贫困往往就是因为农民缺乏组织，分散的个体无力对接基础设施建设的需求，无法消化外部市场的机会与风险。因此，农村的脱贫发展需要将农民组织起来，通过干部队伍重建和组织制度完善，确保各项扶贫发展工作能够得到良善执行。农村基层组织建设有助于公共产品的有效供给，例如农田水利和机耕道的建设、碎片化土地的整合治理等，这些都有助于优质产业的引入和发展。农民的教育和技能培训，同样离不开基层组织的动员，基层组织助推一把、引导一下，将更能激发农民接受新知识新技能的热情和动力。

组织扶贫必须坚持人才与制度的嵌合性，回应农村社会公共性重塑的现实需求。组织建设的关键有三个方面：一是培养合格的管理人才，二是设置良善的组织制度，三是人才培养与制度建设相辅相成。高校的组织扶贫工作在这三个方面都大有可为——利用教学资源丰富的优势开展多层次的人才培养，采取党建引领的方式完善农村基层组织的管理制度，培养的人才能够承接基层组织的工作任务，而基层组织对人才也有较大的吸引力。正因如此，高校的组织扶贫能够有效提升基层治理的公共性，进而推动农村的脱贫与可持续发展。

察往知来，砥砺创新。站在2020年全面建成小康社会目标实现之年、全面打赢脱贫攻坚战收官之年，华南理工大学尝试从一个个鲜活的扶贫实践案例中，总结和提炼出一条可复制、可推广的高校精准扶贫之路。在学校扶贫开发领导小组的领导下，一方面通过多部门联动，跨学科专家共同研讨，编写组深入扶贫现场开展多轮实地调研，与学校扶贫干部、地方干部、企业、农户等主体进行深度访谈。另一方面，结合大量既有的研究文献和华南理工大学扶贫过程中所形成的数据资料，理论联系实践，着力还原高校扶贫的经验逻辑。历经一年多，“精准扶贫模式的高校探索——华南理工大学的实践与启示丛书”应运而生，丛书从三个领域分别总结了高校扶贫的模式与启示，即《授人以渔：重教扶智实践与创新》《产业崛起：兴业扶产实践与创新》《全域共兴：振乡扶民实践与创新》。

这套丛书至少在以下三个方面具有创新意义。一是强调理念对于行动的指引性，这是高校扶贫工作的最大优势，可以为农村发展政策提供新思路。二是构建了农村脱贫发展“智力—产业—组织”三层结构体系，检验农村发展政策是否有效，就看这些政策是否与这一结构的需求相吻合。三是明晰高校本身所具有的资源与优势，有助于将理念引领作用精准投射于农村脱贫发展的三层结构上。丛书中涉及的经验总结和模式提炼，具有内在的科学性与合理性，不仅适用于高校扶贫工作，部分经验与模式也可以适用于其他主体的帮扶工作。乡村脱贫后的振兴与发展，可以充分借鉴高校扶贫的经验和模式，在巩固脱贫成果的同时，进一步推动乡村的可持续发展。

这套丛书既是对华南理工大学八年扶贫工作的总结和提炼，也是对新时代乡村振兴之路的探索。仅以丛书致敬我们的时代，致敬所有投身于我国扶贫大业的人们，致敬筑梦复兴的祖国大地！展望未来，华南理工大学将继续投身于稳定脱贫和乡村振兴事业，为中华民族伟大复兴的中国梦贡献“华工智慧”和“华工力量”！

（作者系华南理工大学党委书记）

前 言

党的十八大以来，以习近平同志为核心的党中央始终坚持以人民为中心的发展思想，统筹推动“五位一体”总体布局和“四个全面”战略布局，为我国脱贫攻坚事业奠定了方法论基础。2013年以来，我国深耕精准扶贫与精准脱贫事业，取得了巨大的减贫成就；减贫力度之大、规模之广、影响之深，前所未有，彰显了中国共产党领导和中国特色社会主义制度的显著优势。2020年是我国全面建成小康社会和“十三五”规划的收官之年，在这一时间节点对以高校智力扶贫为代表的精准扶贫经验进行系统的回顾、总结与反思，对于助力决胜脱贫攻坚战以及推动如期全面建成小康社会具有重要而深远的意义。

自2011年起，党中央、国务院和教育部先后出台《中国农村扶贫开发纲要（2011—2020年）》《关于做好新一轮中央、国家机关和有关单位定点扶贫工作的通知》《教育部定点联系滇西边境山区工作总体方案》《中共中央 国务院关于打赢脱贫攻坚战的决定》《滇西边境片区区域发展与扶贫攻坚规划（2011—2020年）》等脱贫政策文件，对连片特困地区扶贫工作进行了总体部署，为高校参与定点扶贫工作奠定前期政策环境基础。尔后，教育部、发展改革委、财政部、扶贫办、人社部、公安部、农业部七部门在2013年联合发布了《关于实施教育扶贫工程的意见》，明确提出部署高校参与定点扶贫工作的要求，为高校参与国家脱贫事业指明了方向。自此，高校在全国精准扶贫体系中成为重要的参与主体，依托其教育、人才、科技、知识、学科等方面的比较优势，在智力扶贫实践中发挥了巨大的作用。华南理工大学参与定点扶贫工作也肇始于这一阶段：2013年4月，华南理工大学接受教育部统一部署，定点扶贫云南省临沧市云县，同时选派干部到云南省普洱市孟连傣族拉祜族佤族自治县挂职，正式开启了智力扶贫的“华工篇章”。

本书立足我国开展智力扶贫实践的深远意义，以高校在智力扶贫中的角色特征和探索举措为切入视角，对以华南理工大学为代表的高校智力扶贫实践与创新经验进行了全面梳理，内容涵盖华南理工大学在对口帮扶云南省云县、孟连傣族拉祜族佤族自治县、滇西应用技术大学普洱茶学院以及广东省惠来县孔美村等地区的相关智力扶贫探索。华南理工大学经过不断完善和创新，逐渐形成了“党政引智”“孕才育智”“长效增智”三位一体的智力扶贫“华工模式”，在实践过程中取得了显著成效：学校定点扶贫项目在2017—2020年连续四年被评为教育部直属高校精准扶贫精准脱贫典型项目；定点扶贫工作连续两年被国务院扶贫办评定为“好”（最高等级）；2015年，学校“构建多层次、多形式的教育帮扶体系”被教育部评为“滇西边境片区精准扶贫典型落地项目”，并被收录进《高校定点扶贫典型案例集》；2017年，学校“普洱茶文化旅游产教融合新模式的探索与示范”项目获教育部批准为“西南地区旅游和健康教育扶贫试验项目”；2018年，学校作为8所经验介绍高校之一，在全国教育扶贫论坛上做主旨发言；2019年，学校作为4所部属高校之一，在教育部直属系统扶贫工作推进会上介绍帮扶工作典型经验；此外，学校定点扶贫经验还被收录进《中央单位定点扶贫案例》和《全国教育扶贫典型案例》。这些成绩体现出华工智力扶贫模式的有效性。因此，系统地剖析“华工样板”具有经验提炼、问题总结、推广提升等多重价值，对全国各地区的智力扶贫实践具有重要的参考意义。

总体而言，基于华南理工大学“党政引智”“孕才育智”“长效增智”三个层面的实践探索与经验，可以得到三大启示，即智力扶贫工作的有效开展需要以“党政引智”（intelligence delivery）为“纲”，以“孕才育智”（intelligence education）为“柱”，以“长效增智”（intelligence accumulation）为“径”，共同打好扶贫“组合拳”。此外，“华工经验”还表明智力扶贫工作应当从帮扶地区的客观实际出发，对接高校人才和专业优势，坚持统筹兼顾、系统推进，循序渐进、精准施策的发展路径。而在未来的发展方向上，智力扶贫的方式有待从“智力输入”为主过渡到促进帮扶地区“智力内生”和更高级形态的“智力输出”，实现智力扶贫与乡村振兴战略的有效衔接。通过对这些实践与理论的双重解读，有助于为我国智力扶贫工作提供新的观察视角和研究切口，为各地提升智力扶贫实效提供新的策略选择和方向指引。

在整体架构上，本书分为上篇——问道、中篇——探索、下篇——启示三个核心模块；立足于实现全国一般性经验与华工特色性创新的结合，达到有理论支撑、有模式总结、有案例分析的“三有”效果。其中，上篇聚焦我国智力扶贫的理念与实践，从宏观层面系统介绍我国智力扶贫理念产生的时代背景，阐明智力扶贫的理念与实践及智力扶贫创新的时代价值。一方面为推进我国智力扶贫研究与实践提供参考，另一方面也为准确把握华工智力扶贫创新所处的时代方位、现实环境以及特色定位等提供依据。中篇从微观层面提炼华工智力扶贫的整体布局、核心思路与特色路径，阐释华工如何利用教育、学科、人才、科技和校友等方面的优势和资源，探索有效的高校扶贫路径，形成“党政引智”“孕才育智”“长效增智”三位一体的智力扶贫创新体系，归纳得出智力扶贫的“华工模式”。在此基础上，分主题、列数据、明路径，系统展示华工“党政引智”“孕才育智”“长效增智”各环节智力扶贫的具体过程和取得的成效。下篇从整体上归纳华工智力扶贫模式创新的内在逻辑，阐释华南理工大学的智力扶贫模式“何以有效”及其推广意义。

不可忽视的是，任何经验模式都有其推广限度，也都存在一定的不足。在取得显著成效的同时，华南理工大学智力扶贫工作的进一步发展仍面临一些内外部因素的挑战。其中既有全国的共性问题，也有帮扶地区具体情境带来的特殊困难，但这些挑战也为进一步推进我国智力扶贫工作提供了改进方向。首先，在激发智力帮扶地区人民脱贫内生动力方面，目前仍存在方式偏少、范围偏窄的问题。其次，智力帮扶成果的品牌竞争力不强，存在小、弱、散等问题。这些问题一方面限定了智力帮扶成果的收益空间，另一方面也制约着智力帮扶成果的可持续生存潜力。最后，智力扶贫工作的开展还面临治理体制机制层面的制约因素：从国家层面看，智力扶贫工作面临与自上而下的经济发展目标有机融合的挑战。智力脱贫的成效具有内在性、长期性和潜移默化性，而地方经济发展的压力具有量化性、迫切性和刚性。贫困地区在快速发展、跨越发展的战略指导下，以及面对各项严格的考核指标的情境下，经济发展的紧迫诉求与高校智力扶贫的实际特长和思路还需进一步磨合。从地方自身层面看，智力扶贫的实际成效受帮扶地区地方领导的认知与作风因素的影响很大。因此，如何促进地方政府转变观念和思路，如何建立省级统筹机制，更好地发挥高校智力扶贫的积极作用等问题成为需要自上而下进行的制度化建设议题，需要学界和业界的有识之士共同思考。

基于以上认识，在总结华工智力扶贫模式之优势与不足的基础上，本书还对如何进一步在我国“后脱贫时代”进行智力扶贫机制的升级进行了思考与展望。在“脱贫攻坚战”对接“后脱贫时代”这一历史情境下，智力扶贫的内涵与实现路径势必会发生深层次的转变，这就需要高校扶贫主体审时度势，找准后发地区的发展需求，思考后续帮扶举措的策略设计。脱贫摘帽不是终点，而是新生活、新奋斗的起点。在这一新的历史情境中，对于包括华南理工大学在内的全国各地智力扶贫创新来说，如何在既有经验与成绩的基础上，进一步推进从“依赖外力”到“内生自主”，从个别脱贫到全面脱贫，从以智力扶贫为核心到智力扶贫与其他扶贫模式的深度协同，以及从智力脱贫和防止返贫到智力引领和输出，从而在智力扶贫与乡村振兴新战略有效衔接的基础上促进贫困地区实现“后发振兴”，形成新的重大理论命题与实践主题，值得持续思考和探索。

目录

上篇 问道

第一章
智力扶贫的理念与实践 002

第一节 智力扶贫的理念 003
第二节 智力扶贫的类型 008
第三节 智力扶贫的实践 013

第二章
智力扶贫创新的时代价值 019

第一节 巩固脱贫攻坚成果的长效保障 020
第二节 智力扶贫提质增效的内在需求 023

中篇 探索

第三章
党政引智：上下联动的干部人才输送机制 028

第一节 高位驱动与宣传助推的动员机制 029
第二节 激励与约束并重的干部选派机制 038

第四章
孕才育智：四位一体的“大教育扶贫”体系 044
第一节 干部培训：双线并进的培训扶志 045
第二节 学校帮扶：全面覆盖的教育扶智 051
第三节 企业助推：请进来、走出去的专业助智 072
第四节 社会教育：由外而内的文化养智 076

第五章
长效增智：系统施治的精细化运作策略 086
第一节 以点带面：三路并进的示范引领 087
第二节 闭环调适：全流程的质量管理 097
第三节 双向续航：内外并举的成效延续 100

下篇 启示

第六章
何以有效：智力扶贫的“I-DEA”模式 108
第一节 以党政引智（I-D）为“纲” 109
第二节 以孕才育智（I-E）为“柱” 112
第三节 以长效增智（I-A）为“径” 114
第四节 社会影响与推广价值 116

第七章
未来展望：探索“后智力扶贫”之路 122

第一节 从“外力为主”到“内生自主” 123
第二节 从“以点带面”到“固点扩面” 126
第三节 从“相向而行”到“深度嵌套” 129
第四节 从“扶贫助弱”到“后发振兴” 132

附录一 华南理工大学教育脱贫攻坚大事记（2013—2020年） 135
附录二 华南理工大学选派定点扶贫挂职干部基本情况 155
附录三 历届教育部直属高校精准扶贫精准脱贫典型项目 157

后 记 160

摆脱贫困首要并不是摆脱物质的贫困，而是摆脱意识和思路的贫困。扶贫必扶智，治贫先治愚。贫穷并不可怕，怕的是智力不足、头脑空空，怕的是知识匮乏、精神委顿。脱贫致富不仅要注意富口袋，更要注意富脑袋。

——2016年7月20日，习近平总书记在东西部扶贫协作座谈会上的讲话

上篇

问道

第一章
智力扶贫的理念与实践

作为精准扶贫中最具代表性的扶贫模式之一，智力扶贫主要是指从精神和认知层面，对扶贫对象进行教育和知识、技能培训，从而提升扶贫对象的自我发展和自力更生能力，达到脱贫致富的目的。从外延来看，智力扶贫是对科技扶贫、文化扶贫、教育扶贫等能够提升贫困群体的精神素质的各种具体方式的总称。从实践地位来看，智力扶贫在我国整个扶贫工作发展过程中具有不可替代性，是促进贫困地区经济发展和社会进步的“根本途径”和“治本之策”，被视为靶向解决所谓“贫中之贫”和“困中之困”的有效途径。习近平总书记2015年11月27日在中央扶贫开发工作会议上的讲话中指出：“当前脱贫攻坚既面临一些多年未解决的深层次矛盾和问题，也面临不少新情况新挑战。脱贫攻坚已经到了啃硬骨头、攻坚拔寨的冲刺阶段，所面对的都是贫中之贫、困中之困，采用常规思路和办法、按部就班推进难以完成任务，必须以更大的决心、更明确的思路、更精准的举措、超常规的力度，众志成城实现脱贫攻坚目标。”所以，智力扶贫是贫困地区摆脱愚昧落后和实现脱贫致富的关键所在①。

①许凌志．广西滇桂黔石漠化连片特困区智力扶贫若干问题研究［J］．沿海企业与科技，2013（04）：41-43，40．

第一节 智力扶贫的理念

智力扶贫是在我国扶贫工作开展的特定背景下产生的扶贫方式，旨在解决扶贫工作中的贫困人口内生动力与发展能力的培育问题，亦即解决“意识和思路的贫困”与“能力贫困”的问题。“授人以鱼，不如授人以渔”，通过激发贫困人口的自我发展欲望，提升贫困人口的自我发展能力，从而从根本上解决贫困问题，是智力扶贫理念的核心要义。

一、智力扶贫理念的产生背景

我国智力扶贫理念的诞生源于国家扶贫逻辑的转变。中国共产党的执政任务之一便是带领全国人民消除贫困，这也是中华人民共和国成立后党和国家当即着手实施的工作内容。学术界一般认为，中国大规模的扶贫工作始于20世纪80年代中期，至今未曾中断。中国近40年的扶贫工作为消除绝对贫困做出了巨大贡献，且在不同时期随扶贫背景与任务的变化而不断调整自身运作逻辑。随着扶贫逐渐进入深水区，贫困人口越加体现出能力差、底子弱、复杂化等多种特征，成为脱贫攻坚进程中的“硬骨头”，具体表现为以下四个方面：

（一）贫困人口欠缺脱贫致富的知识与技能

贫困人口大多文化素质偏低，基础知识和职业技能欠缺，脱贫能力普遍不足。造成这一现象的主要原因之一是我国教育发展不平衡。有调查数据显示，我国贫困人口的受教育水平显著低于非贫困人口。贫困地区的孩子难以获得优质的教育资源，这在客观上限制了贫困地区孩子的全面发展，同时也给贫困地区阻断贫困的代际传递设置了障碍。此外，由于贫困群众信息获取渠道比较单一，对外界发展情况缺乏了解，又没有相应的技能培训与学习机会，贫困人口普遍缺乏发展生产和务工经商的基本技能，难以适应经济社会发展对技术进步的需求，这导致他们更易在劳动力市场中处于劣势地位甚至被淘汰。因此，要实现脱贫致富和可持续发展，需要提高贫困人口的文化程度和生产技术水平。

（二）部分贫困人口存在“等、靠、要”的思想观念

受贫困文化环境和过去我国长期实行的“输血式”扶贫模式的影响，大多数贫困人口的生存发展能力不足，加之前期以物质补给和政策扶持为主的扶贫措施对其造成“被动接受帮扶”的惯性影响，让部分贫困群众产生了“等、靠、要”的懒惰思想，导致贫困群众过分依赖帮扶干部与政策供给，被动接受扶贫，缺乏脱贫的主观能动性，甚至部分贫困户会对贫困身份产生依赖心理，导致其脱贫的内生动力缺乏。摆脱贫困既应包括摆脱物质贫困，更应包括摆脱精神贫困。“输血式”的物质扶贫方式在一定程度上忽视了贫困人口思想道德素质和科学文化素质方面的提升需求，造成精神贫困问题，不利于个人和家庭的可持续发展，总体返贫风险较大。

（三）贫困地区精神文明建设相对滞后

改革开放以来，农村青壮年人口大量向城市流动，一方面，导致农村日益空心化，留守儿童、妇女、老人现象突出，而这些留守群体极少有能力和意愿实现自主脱贫。另一方面，农村空心化也造成乡村传统伦理道德的弱化。在各种思想文化的冲击下，加之随着外出务工人群对农村的感情和依赖性逐渐减少，许多优良家风和传统美德的传承慢慢中断，传统伦理的约束减弱，久而久之，部分贫困群众便只想“获得”、不讲付出，只求利益、不思进取。同时，由于农村文化基础设施不健全和农村文化建设主体缺位，村民缺乏健康的精神文化娱乐设施和服务供给，个体积极向上的精神文化需求无法得到满足，日常除了看电视、玩手机，就是打扑克、玩麻将，甚至常常演变成聚众赌博。此外，长期处于贫困状态的群体容易形成“贫困文化”，不仅形塑着在贫困中长大的人的基本人格和特征，而且造成贫困的弱势累积和世代传递①。

（四）贫困地区部分干部队伍建设较为松散

在贫困落后地区，由于部分基层党员干部思想观念相对落后，缺乏参与市场经济活动的知识与能力，难担带领当地群众脱贫致富的重任，影响着贫困地区脱贫进度。另一方面，也存在部分地区的基层党建工作流于形式的现象，尤其对贫困党员等缺乏有效引导，个别党员干部存在官僚主义和形式主义的问题，日常的贫困户走访慰问流于形式，只是把帮扶工作当作工作任务

①Evans G W. Childhood poverty and adult psychological well-being［J］. Proceedings of the National Academy of Sciences of the United States of America，2016（52）：14949-14952.

来完成，缺少深入了解贫困人口、积极探索脱贫方式方法的意识。

总体而言，扶贫对象致贫原因的多样性以及其自身“造血”能力不足，要求全新而有效的扶贫理念的产生和落地。在多维致贫因素呼唤多维帮扶措施逻辑下，习近平总书记在考察扶贫开发工作时多次提出“治贫先治愚”“扶贫必扶智”的重要论断，推动形成以智力扶贫作为帮扶贫困人口脱贫有效措施的新共识。通过智力扶贫解决贫困现象的代际传递和内生性问题，成为新时期我国精准扶贫工作的重要内容。

二、智力扶贫理念的精神内核

从目标来看，智力扶贫有三个层面的含义：一是认识层面，首先要让贫困群众树立摆脱贫困的意识；二是组织层面，要为贫困群众摆脱贫困提供智力支持；三是实践层面，要让贫困群众拥有摆脱贫困的具体技能①。从智力扶贫的作用路径来看，智力扶贫可分为扶知识、扶技术、扶思路等具体扶持手段。总的来说，通过各类知识技术和理念意识扶持手段提升贫困人口参与经济社会活动而获得收入的能力，培养其脱贫内生动力是智力扶贫的精神内核。其内涵可总结为以下四个方面：

（一）坚持人民群众脱贫攻坚的主体地位

习近平总书记指出，脱贫攻坚，群众动力是基础。必须坚持依靠人民群众，充分调动贫困群众积极性、主动性、创造性，坚持扶贫和扶志、扶智相结合，正确处理外部帮扶和贫困群众自身努力关系，培育贫困群众依靠自力更生实现脱贫致富意识，培养贫困群众发展生产和务工经商技能，组织、引导、支持贫困群众用自己辛勤劳动实现脱贫致富，用人民群众的内生动力支撑脱贫攻坚②。以上论述指明了智力扶贫的核心要义，即要始终坚持贫困群众在脱贫攻坚中的主体作用，引导贫困群众树立主体意识，发扬自力更生精神，各类扶贫活动要围绕贫困群众需求进行，让贫困群众更多地参与到脱贫项目中，提升贫困群众在脱贫攻坚中的主体意识和获得感。

（二）注重观念引领，以思想助力扶贫先行

习近平总书记在《摆脱贫困》一书中强调：“弱鸟可望先飞，至贫可能先富，但能否实现‘先飞’‘先富’，首先要看我们头脑里有无这种意

①杨慧．智力扶贫在乡村振兴中的作用探析［J］．开封大学学报，2019（04）：1-4.

②习近平．在打好精准脱贫攻坚战座谈会上的讲话［EB/OL］．（2018-02-12）［2020-7-10］．http://jhsjk.people.cn/article/31694935.

识”。针对“等、靠、要”的思想观念较为普遍存在于贫困群众的头脑中这一现实，智力扶贫理念强调从转变贫困群众的思想观念入手，加强思想教育，帮助贫困群众树立脱贫信心，形成想干、肯干的参与意识，迈出脱贫致富的第一步。

（三）强调技能驱动，以教育培训为核心

智力扶贫以教育扶贫为根本，发挥教育在扶贫脱贫、切断贫困代际传递等方面的根本性作用。习近平总书记指出，让贫困地区的孩子们接受良好教育，是扶贫开发的重要任务，也是阻断贫困代际传递的重要途径①。西部地区要彻底拔掉穷根，必须把教育作为一项长远的事业抓好。东部地区要在基础教育、职业教育、高等教育等方面，通过联合办学、设立分校、扩大招生、培训教师等多种方式给予西部地区更多帮助②。2016年7月26日，人社部与国务院扶贫办联合下发了《关于开展技能脱贫千校行动的通知》，将技能脱贫的意义提升到了新高度。通过职业技能培训让贫困人口至少掌握一门致富技能，是切实增强扶贫对象“造血”功能和致富能力的必要举措③。

（四）注重组织建设，以干部培养为保障

习近平总书记指出，脱贫攻坚是干出来的，首先靠的是贫困地区广大干部群众齐心干。在脱贫攻坚战场上，基层干部在宣讲扶贫政策、整合扶贫资源、分配扶贫资金、推动扶贫项目落实等方面具有关键作用④。智力扶贫强调推进基层党组织和干部队伍建设，把干部干事创业的手脚从形式主义、官僚主义的桎梏、“套路”中解脱出来，形成求真务实、清正廉洁的新风正气⑤；通过生产现场培训、课堂培训、对外交流培训、互派干部等形式，提升各级脱贫干部脱贫业务素养，把东部地区理念、人才、技术、经验等要素传播到西部贫困地区，促进观念互通、思路互动、技术互学、作风互鉴等⑥。

①习近平．给“国培计划（二〇一四）”北师大贵州研修班参训教师回信［EB/OL］.（2015-09-10）［2020-7-15］. http://jhsjk.people.cn/article/27565060.

②⑥人民网-中国共产党新闻网.习近平谈消除贫困：开对了“药方子”才能拔掉“穷根子”［EB/OL］.（2017-06-27）［2020-7-17］.http://jhsjk.people.cn/article/29364950.

③高亚春，俞贺楠．多措并举促进我国技能扶贫脱贫［J］．中国人力资源社会保障，2016（09）：30-32.

④黄承伟．激发内生脱贫动力的理论与实践［J］．广西民族大学学报（哲学社会科学版），2019（01）：44-50.

⑤新华社．习近平在十九届中央纪委四次全会上发表重要讲话［EB/OL］.（2020-01-13）［2020-07-17］.http://jhsjk.people.cn/article/31546537.

三、智力扶贫理念的价值追求

所谓价值追求，是由一定的价值理念和目标决定的，是对这一价值理念和目标的坚定追寻并致力于实现该目标的迫切动机。智力扶贫的价值追求，也即智力扶贫所追求的价值理念和目标，就是回答“开展智力扶贫的原因是什么”和“开展智力扶贫的最终目标是什么”的问题。

（一）智力扶贫的价值理念

从贫困问题背后所涉及的价值理念出发所形成的思考，有助于我们厘清智力扶贫的价值追求。从根本上来看，扶贫不仅关乎社会民生，更是社会对公平正义的追求。在现代社会，公平、正义的核心价值观念和行为准则具有支撑价值。公平正义不仅是指在外在社会属性上人的权利与机会等的平等，还表现为个体内在属性上人的自由和尊严被尊重等的平等。马克思主义认为，资本主义的剥削制度是社会不公平的根源，因此社会公正的目标是建立“自由人的共同体”，“在那里，每个人的自由发展是一切人的自由发展的条件”。而“实现社会公平和正义的基本条件，就是整个社会实行生产资料公有制，发展生产力，消灭工农之间、城乡之间、体力与脑力劳动之间的差别”。

贫困现象的存在，从表面来看是因为生产力和社会发展水平的落后，而权利、自由、资源、分配等社会核心价值没有得到充足的供给则是更深层的原因。罗尔斯曾指出，正义“作为公平的正义”，“所有社会价值——自由和机会、收入和财富、自尊的基础——都要平等地分配，除非对其中的一种价值或所有价值的一种不平等分配合乎每一个人的利益”[①]。罗尔斯将公平视为正义的基础和核心，只有社会中的一切机会、人格、自由等正义平等，才会有整个社会的正义。由此可见，衡量一项扶贫举措是否有效，一项很重要的评判指标便是该举措对社会公平正义增促作用的大小，而智力扶贫所要实现的正是对公平正义社会价值观的贯彻。

（二）智力扶贫的价值目标

如上所述，为了消除贫困而产生的一系列扶贫脱贫举措，其目标都是致力于消除社会的不平等状况，最终实现全社会的公平正义。智力扶贫亦如此，通过智力输出的方式，不仅仅是为了使贫困地区和贫困群体摆脱贫困状

---

①约翰·罗尔斯．正义论［M］．北京：中国社会科学出版社，2006：84.

态，更重要的是价值理念的追寻与坚持，是以智力扶贫为方式，来促进贫困地区的分配正义，最终实现全社会平等、公平、正义的理念追求。

党的十八大以后，中央提出了“共享发展”的新理念，指出“共享是中国特色社会主义的本质要求”，“按照人人参与、人人尽力、人人享有的要求，坚守底线、突出重点、完善制度、引导预期、注重机会公平，保障基本民生，实现全体人民共同迈进全面小康社会”①。结果公平理念首先体现为人们应享有均等的发展机会，而机会均等则体现为社会要给每个人提供生存和发展所必需的条件和环境，使每个有劳动能力的人能够公平平等地发挥自己的能力来争取相应的资源与机会，最终实现结果公平的价值目标。就智力扶贫而言，智力扶贫有利于促进结果公平，保障贫困群体的人民主体性地位，最终达成促进不同群体的共享发展和全面小康结果公平的价值追求目标。

第二节　智力扶贫的类型

基于不同的要素、对象以及主体，可以对智力扶贫进行不同的类型划分。不同智力扶贫类型均具有各自的特征与优势。

一、基于要素的类型划分

习近平总书记曾提到，把东部地区理念、人才、技术、经验等要素传播到西部地区，促进观念互通、思路互动、技术互学、作风互鉴。从要素构成出发，智力扶贫主要包括三种类型：一是帮助贫困群众树立摆脱贫困的意识；二是为贫困地区提供人才支持，进行人才培养；三是为贫困群众摆脱贫困提供技术与经验支持。

在理念层面，智力扶贫是通过教育的方式，帮助贫困群众转变长期以来形成的“等、靠、要”等思想，增强贫困群体的上进心和自信心，以理念为内核推动脱贫致富。智力扶贫的基本理念不限于为农村贫困地区建房修路、

①中共中央关于制定国民经济和社会发展第十三个五年规划的建议［N］．人民日报，2015-11-04.

进行产业扶持等物质扶贫手段，而是从导致贫困的主要原因出发，通过教育、培训、宣传等方式，从根本上提高贫困群众的思想认识。目前，由于教育落后、文化影响、观念闭塞等原因，很大比例的贫困群众还具有较为严重的此类思想，因此，智力扶贫从理念上为贫困群众提供精神与智力支持就尤为重要，智力扶贫的理念传播也是实现乡村振兴的重要保障①。

在人才层面，智力扶贫旨在推动对贫困地区人力资本的开发。习近平总书记2018年3月8日在参加十三届全国人大一次会议山东代表团审议时强调："要推动乡村人才振兴，把人力资本开发放在首要位置，强化乡村振兴人才支撑，加快培育新型农业主体。"②人才资源在智力扶贫中的意义不言而喻，对人力资本的投资和人才资源的储备是智力扶贫的重要基础。智力扶贫不仅致力于提升贫困群体的基础生产技能，也包括增强贫困群体的实用技能和专业能力。在实际工作中，我国1986年启动的"雨露计划"和"阳光工程"，其主要内容就是为贫困地区的农民提供实用技能培训③。现有的智力扶贫既能让贫困家庭的子女接受有质量的教育，使他们拥有实用技能来摆脱贫困，又能让贫困地区有基础生产能力的劳动力接受更专业的培训，帮助他们明确自己的发展方向。

在技术与经验层面，智力扶贫的逻辑在于将发达地区的先进技术与发展经验引入贫困地区，发挥先富带后富的作用。通过为贫困地区提供基础设施，产业化、金融支持，以及先进的农业生产技术等技术支持，或通过教育培训、技能训练、人才培育等技术培养，使贫困地区群众具有脱离贫困的技术条件与技术能力，实现当地社会经济的可持续发展。从实践来看，技术与经验层面的智力扶贫强调贫困地区的生产技能的提升，让有限的扶贫资源能够更为精准地覆盖扶贫对象，促使贫困地区、贫困群体通过自己的努力走上脱贫致富的道路④，最终实现贫困群体的长效性脱贫。

①③杨慧．智力扶贫在乡村振兴中的作用探析［J］．开封大学学报，2019（04）：1-4.

②人民网-人民日报海外版.习近平讲故事：实施乡村振兴战略是一篇大文章［EB/OL］.（2020-09-17）［2020-09-21］.http://jhsjk.people.cn/article/31864812.

④向德平，华汛子．改革开放四十年中国贫困治理的历程、经验与前瞻［J］．新疆师范大学学报（哲学社会科学版），2019（02）：59-69.

二、基于对象的类型划分

从扶贫对象来看，我国智力扶贫可划分为面向学校教育、面向干部队伍建设、面向企业发展等三种类型。首先，面向学校教育的智力扶贫，重点在于通过教育提升贫困地区学生的人力资本。现有研究显示，农村劳动力受教育程度与其收入有明显的正相关关系，可见教育的缺乏对扶贫攻坚的制约作用长期而显著。贫困地区学校通常面临教育经费缺乏、教师流动性较大、学校管理落后等问题，其教育资源十分匮乏。与此同时，贫困地区学校教师采取的教学方法大多是重复式的机械训练，对学生的学习期望也相对较低，进一步拉大了贫困地区学生与经济相对发达地区学生的成绩差距，加剧了贫困地区学生处境的不利性①。由此可见，人口素质低是农村贫困的内在成因，而造成贫困地区群众观念落后、人口素质低的主要原因则是教育差异。因此，教育改革、教育资源优化和专业师资人才帮扶是智力扶贫的重中之重，学校教育扶贫对学生智力脱贫、对贫困地区人口智力提升具有重要意义。

其次，面向干部队伍建设的智力扶贫，重点在于通过干部培训、农村基层党组织建设、推进村级党组织优化、以党建引领智力扶贫工作等，增强基层干部队伍服务扶贫规划和扶贫措施等能力，强化基层党支部在贫困地区扶贫工作中的政治领导作用，使扶贫工作与基层党建工作同频共振，实现抓党建带扶贫、抓扶贫促党建的“双赢”局面②。当前，扶贫攻坚工作由原来“粗放式”扶贫转为“精准”扶贫，在智力扶贫的过程中，广大党员干部队伍的建设是关键。干部队伍素质的高低，直接关系着贫困地区基层党组织作用的发挥，关系着智力脱贫任务的完成实现③。因此，智力扶贫的新要求也激励干部队伍建设跟上工作要求，让广大干部有所作为、有大作为。

最后，面向企业发展的智力扶贫模式已经成为贫困地区群众彻底脱贫致富、实现乡村振兴的重要方式④。企业智力扶贫通常是以核心企业带动贫困地区经济和产业振兴，在贫困地区企业发展的不同阶段有针对性地进行智力扶贫设计，对群众开展企业和产业管理知识普及，以核心企业效应带动地区企业的协同发展，实现企业与当地社会经济共同发展的双赢局面。在对企

①孟照海. 教育扶贫政策的理论依据及实现条件——国际经验与本土思考［J］. 教育研究，2016（11）：47-53.

②③樊亮亮. 精准扶贫中农村基层党组织建设研究［D］. 山西大学，2017.

④刘玉凤. 江西旅游智力扶贫对策研究［J］. 南昌师范学院学报，2018（02）：11-13，21.

业的智力帮扶中，企业参与组织乡村居民的学习与培训，可以让贫困地区群众形成强烈的企业发展致富意识，激活他们的主观能动性，发挥乡村振兴的主体作用。目前，我国农村地区的企业发展扶贫工作日益受到各级政府的重视，企业发展扶贫也已成为我国脱贫攻坚、实现乡村振兴的新兴力量①。

三、基于主体的类型划分

从扶贫主体来看，我国智力扶贫可划分为政府主导类、企业主导类以及高校主导类三种类型。在中国的贫困治理实践中，最初的扶贫工作完全由政府所主导，政府通过不断加大财政投入、逐步提高扶贫标准、持续优化扶贫环境等措施，为贫困群体脱贫致富提供坚实的保障。

一直以来，我国的脱贫攻坚工作主要是通过政府行为来推动的，智力扶贫也是如此。所谓政府主导类智力扶贫模式，即智力扶贫政策的制定、智力扶贫重点的确立、智力扶贫资金的筹集、智力扶贫方向的把握以及智力扶贫过程及效果的督察与评价都由政府来组织完成②。我国政府主导类扶贫模式已经形成了完备的政策流程，主要包括：一是成立机构，加强领导。成立了上至国务院、下至县一级的扶贫开发领导小组，同时对应设立各级扶贫办公室作为其执行机构；二是扶贫工作组织性强，是一种从中央到地方以组织机构为载体的政府行为；三是设立扶贫专项资金，不断加大扶贫投入。政府扶贫工作以大量的财政资金运作为基础，尤其是国家“八七扶贫攻坚计划”实施后，国家向贫困地区投入大幅度增加，并要求各省依据各自不同的经济财政状况不断地加大投入③。目前，政府主导、财政支持的扶贫模式仍然占据主体性地位，在通过效率性、规模性、全局性的扶贫行动，帮助贫困地区优化组合生产要素，有效增强贫困地区自我发展能力等方面发挥着重要作用④。但是，仅有政府的力量并不够，在行政体制改革的宏观背景下，贫困治理应由治理主体与手段的单一化向多部门协同的治理形式转变，构建由政府主导、社会参与的新时代扶贫格局。

从企业主导类的智力扶贫实践看，目前参与智力扶贫的企业具有较为明

①汪姣．乡村振兴战略下的民族地区旅游可持续扶贫研究［J］．农业经济，2018（08）：30-32.
②岳佐华．政府主导下的市场化运作扶贫模式研究［J］．农村经济与科技，2007（01）：73.
③韩建华．中国农村政府主导型扶贫运作模式的缺陷及其改进［J］．经济研究导刊，2010（36）：36-38.
④王微．贵州农村扶贫机制的完善路径研究——基于对贵州典型4县的实证调查分析［J］．广东农业科学，2013（21）：205-210.

显的规模特征，一般可以划分为两类：一类是地域外企业，这类企业一般实力比较强，主要通过招商形式进入贫困地区扶贫①；另一类是当地企业，规模相对较小。企业主导作用的发挥主要通过两种途径，一是规模以上企业，一般由其承担智力脱贫攻坚的综合性任务②。从目前的企业扶贫实践来看，这类企业大多通过村企对接、村企互动和村企共建等方式，在帮扶过程中利用贫困地区相对富集的自然和人力资源，在企业和贫困地区形成良性的正向互动关系③。在新形势下，规模企业常采取直接的工业、产业介入和帮扶等方式④。二是有参与扶贫攻坚任务的意愿，但是本身实力相对薄弱的企业。此类企业更多是通过企业和贫困地区的合作共赢，即首先通过优惠政策支持，以“龙头企业+基地+农户”“公司+基地+农户”等合作形式，在当地培育龙头企业，以龙头企业带动其他企业和产业的发展，最终把贫困户纳入市场化、产业化轨道，实现脱贫致富、共同发展的目标⑤。总体来看，无论规模企业还是小型企业，除了少量的优惠政策和资金帮扶以外，企业主导型智力扶贫模式主要采用了以核心企业、人力和自然资源为依托的开发性扶贫模式。

如上所述，仅靠政府主导、财政支持的行政推动型发展模式是不够的。与此同时，政府与企业主导类的扶贫模式大多是以产业扶贫为代表的物质扶贫，难以很好地激发智力这一关键因素的功能，脱贫人群返贫概率大。对此，充分利用智力资源的集聚地——高校的优势资源，对于最大限度地将扶贫智力资源带入智力资源匮乏地区、激发贫困地区发展的内生动力具有不可替代的重要意义。高校主导类的智力扶贫，其主要方式包括基于丰富的专家资源和社会渠道，为贫困地区的智力开发提供咨询意见和决策建议；组织高校内相关科研机构、专家团队、学生团队深入贫困县、乡（镇）、村、户，有计划、大规模、分阶段地进行实地调研和针对性帮扶；对扶贫规划、项目和财政资金的分配和整合等进行论证，设立专项活动资金等。自我国高校定点扶贫工作启动以来，全国已有75所教育部直属高校开展智力扶贫工作，

①和丕禅，郭红东，许莹，等. 企业对口扶贫模式比较与政策建议［J］. 浙江学刊，2001（02）：85-91.

②蔡效东. 企业综合扶贫增强贫困户“造血”功能［J］. 农村工作通讯，2012（21）：3-12.

③王雅敬，任晓冬，苏维词，等. 贵州喀斯特地区资源性企业参与政府扶贫模式研究——以贵州J矿社区发展为例［J］. 贵州师范大学学报（自然科学版），2011（02）：114-119.

④张琦. 企业参与扶贫开发的机理与动力机制研究——以陕西省“府谷现象”为例［J］. 中国流通经济，2011（04）：58-63.

⑤闫东东，付华. 龙头企业参与产业扶贫的进化博弈分析［J］. 农村经济，2015（02）：82-85.

得到了当地政府和民众的高度认可。为推动直属高校定点扶贫工作，教育部规划司自2016年至今连续举办五届直属高校精准扶贫精准脱贫典型项目集中推选活动，每年推选出典型项目（历届典型项目信息参见本书附录三）。其中，本书聚焦的华南理工大学智力扶贫实践创新，2017—2020年连续四年获得此项殊荣，在教育部直属高校的智力扶贫项目中备受好评。

第三节　智力扶贫的实践

智力扶贫是精准扶贫的重要构成部分，同时也被认为是最具有长期减贫效果的扶贫路径之一，其理念与意义在学界已经获得了较为广泛的关注与认可，且绝非只停留在理论层面的探讨。自2013年精准扶贫的大幕开启至今，党中央、国务院和其他中央部委出台了一系列关于智力扶贫的规章政策，各地区也随之进行了一定的实践探索，为智力扶贫的可行性提供了实践参考。中央到地方从上而下的整体思路领导，与基层到党中央从下而上的具体实践反馈两条路径并行，刻画出一幅我国智力扶贫实践的壮阔图景。

一、自上而下的顶层设计

智力扶贫在中央层面的实践更多地体现为政策的出台与实施。值得注意的是，智力扶贫概念虽然在党的十八大提出精准扶贫战略之后才逐渐在中央、国家部委政策文本中频繁出现，但从广义视角来究其现代源流，远者可追溯至中华人民共和国成立初期，党和国家发动的一系列诸如“扫盲运动”和农民“教育运动” 等扶助后进的群众教育运动；近者则可回溯至20世纪80—90年代“科教兴国”战略背景下，党和国家为提升农民的农业技术水平，依托“农村广播电视学校”等平台在全国范围内开展的农民职业培训活动。

智力扶贫工作在我国开展已久，但在不同的发展阶段往往随社会发展的实际需要而具有不同的内涵和外延侧重点。总体而言，我国中央、国家部委层面智力扶贫的政策历程大体可分为三个阶段：一是党的十八大以前侧重技能培养与技术推广的培训“扶技”阶段；二是精准扶贫初期主推知识文化培育的教育“扶智”阶段；三是精准扶贫中后期强调培育贫困人口“内生脱贫动力”的理念“扶志”阶段。在我国整体的扶贫政策历程中，上述三个政策阶段呈现出一种“嵌套式”而非“间断式”的发展关系，亦即在体现智力扶贫的政策作用深度增加的同时，也体现着其政策内容的同步延展。

（一）培训“扶技”阶段

早期的智力扶贫政策脱胎于党和国家对落后产业和低收入职业群体的技术帮扶，以支持开展技术和职业培训为主要政策内容。1985—1988年，中央依次开始实施“星火计划”“丰收计划”与“燎原计划”，目标主要指向技术促产和科技兴农。其中，“燎原计划”相关政策以中央和各地广播电视学校以及各级农广校为中介平台向广大农民群体开展农业技术培训与指导，从而实现促进农业丰产和农民增收的目标。这一培训方式逐渐向职业培训和成人教育领域传播，成为一项覆盖面广阔的技术培训帮扶活动。2005年，国务院扶贫办出台《关于加强贫困地区劳动力转移培训工作的通知》，提出“培训一人、输出一人，就业一人、脱贫一户”的指导思想，以提高贫困地区劳动力技能水平和就业能力，促进贫困地区劳动力增收。2006年，国务院扶贫办提出在全国范围内开展“雨露计划”工程，要求各地扶贫部门帮助贫困地区劳动力解决在就业中遇到的实际困难。2007年，国务院扶贫办正式出台《关于在贫困地区实施“雨露计划”的意见》和《贫困青壮年劳动力转移培训工作实施指导意见》，文件指出“雨露计划”以政府主导、社会参与为特色，以提高素质、增强就业和创业能力为宗旨，以职业教育、创业培训和农业实用技术培训为手段，以促成转移就业、自主创业为途径，帮助贫困地区青壮年农民解决在就业、创业中遇到的实际困难，最终实现发展生产、增加收入、促进贫困地区经济发展的目标。“雨露计划”的全面实施，标志着我国的扶贫开发工作由以自然资源开发为主，发展到自然资源开发与人力资源开发并举的新阶段。其后，2013年国务院办公厅发布的《关于开展对口帮扶贵州工作的指导意见》以及2019年教育部发布的《关于办好深度贫困地区职业教育　助力脱贫攻坚的指导意见》，对贫困户技能培训、就业脱贫等进行了工作部署，共同构成了技术培训扶贫政策的重要内容。

（二）教育“扶智”阶段

党的十八大以来，随着精准扶贫战略和脱贫攻坚目标的提出，教育扶贫被认为是阻断贫困代际传递的“治本之策”，逐渐成为扶贫政策焦点。党中央、国务院与国家部委层面在此领域均出台了数量繁多的政策文件，教育帮扶举措在精准扶贫和精准脱贫政策中的比重日益加大。

1. 党中央、国务院层面政策历程

自2013年实施精准扶贫战略以来，智力扶贫成为扶贫工作的核心内容之一，其相关文段频频见诸中央政策文件中。2015年11月29日，中共中央、国务院颁布《中共中央、国务院关于打赢脱贫攻坚战的决定》，明确了“坚持群众主体，激发内生动力”的扶贫原则，强调开展扶贫工作要“注重扶贫先扶智，增强贫困人口自我发展能力”。2017年12月，中共中央办公厅、国务院办公厅颁布《关于加强贫困村驻村工作队选派管理工作的指导意见》，要求干部明确工作任务，“注重扶贫同扶志、扶智相结合，做好贫困群众思想发动、宣传教育和情感沟通工作，激发摆脱贫困内生动力。”2018年6月15日《中共中央 国务院关于打赢脱贫攻坚战三年行动的指导意见》进一步明确了智力扶贫在脱贫攻坚中的重要性，强调“坚持扶贫同扶志扶智相结合。”2018年至2020年的中央一号文件均强调了智力扶贫在农业工作中的重要地位。2018年中央一号文件——《中共中央 国务院关于实施乡村振兴战略的意见》指出，“激发贫困人口内生动力，把扶贫同扶志、扶智结合起来”，把智力扶贫视为提升贫困人口脱贫致富技能，实现可持续稳固脱贫的重要方式。2019年中央一号文件——《中共中央 国务院关于坚持农业农村优先发展做好“三农”工作的若干意见》再次强调，“坚持扶贫与扶志扶智相结合，加强贫困地区职业教育和技能培训……增强贫困群众内生动力和自我发展能力。”2020年中央一号文件——《中共中央 国务院关于抓好“三农”领域重点工作确保如期实现全面小康的意见》在决胜脱贫攻坚的关键时刻明确指出，要“深化扶志扶智，激发贫困人口内生动力。”我国多年的智力扶贫经验明晰了智力扶贫与激发贫困人口内生动力之间的关系，精准扶贫，增强贫困户内生脱贫动力和能力，必然需要深入开展智力扶贫工作。

2. 中央机关和国家部委层面政策历程

除了进入党中央和国务院相关政策议程，智力扶贫也成为国务院相关部门在精准扶贫时代开展相应工作的重要向度，各对口部门在制定相关扶贫文件时，将智力扶贫作为开展具体工作的重要指导。2016年，中央网信办、国家发展改革委、国务院扶贫办联合印发《网络扶贫行动计划》，提出网络扶贫工作目标，并以此为抓手进行智力扶贫。紧跟着，中国科协、农业部、国务院扶贫办决定在“十三五”期间联合实施“科技助力精准扶贫工程”，并印发了《科技助力精准扶贫工程实施方案》，在具体工作内容上强调围绕脱贫攻坚总目标和扶贫先扶智的根本要求，广泛开展“创新争先行动”，积极投身脱贫攻坚，加大科技供给和支撑，大力增强贫困户依靠科技脱贫致富的积极性和主动性，大力提高贫困户的科学素质和生产技能，为实现脱贫攻坚目标做出新贡献。2018年，教育部、国务院扶贫办印发《深度贫困地区教育脱贫攻坚实施方案（2018—2020年）》，开展以教育为抓手，以“三区三州”为重点的智力扶贫工作，要求“推动教育新增资金、新增项目、新增举措……切实打好深度贫困地区教育脱贫攻坚战。”而且详细制定了各类教育扶贫措施，包括针对学生的“保障义务教育；发展学前教育；普及高中阶段教育；加快发展职业教育；加强乡村教师队伍建设；实施好‘三区三州’现有免费教育政策；确保建档立卡贫困学生资助全覆盖；加大少数民族优秀人才培养力度”的8项具体内容，以及旨在提高农民增收技能的“组织开展基层干部和青壮年农牧民普通话培训、同步推进职业技能培训与普通话推广、强化学校推广普及国家通用语言文字的基础性作用”等3项工作。

（三）理念“扶志”阶段

随着脱贫攻坚战逐渐步入深水区，扶贫政策作用对象的贫困状况越加复杂，理念落后、缺乏内生脱贫动力成为此类贫困人群脱贫致富的掣肘。“扶贫先扶志”，基于以上认识，智力扶贫的主要任务从提升贫困人口文化水平扩充到提升知识技能与转变意识理念并重的新阶段，其外延与格局也进一步得到扩展与提升。

2015年11月，中共中央、国务院颁布的《关于打赢脱贫攻坚战的决定》中明确提出，要加强贫困地区乡风文明建设，倡导现代文明理念和生活方式，改变落后风俗习惯，善于发挥乡规民约在扶贫济困中的积极作用，激发贫困群众奋发脱贫的热情。在此基础上，2017年11月，十九届中央全面深化改革领导小组第一次会议通过《关于加强贫困村驻村工作队选派管理工作的指导意见》，明确主要任务之一是注重扶贫同“扶志”和“扶智”相结合，做好贫困群众思想发动、宣传教育和情感沟通工作，激发贫困人口摆脱贫困的内生动力。2018年1月，《中共中央 国务院关于实施乡村振兴战略的意见》再次明确提出“激发贫困人口内生动力”，把扶贫同扶志、扶智结合起来，把救急纾困和内生脱贫结合起来，引导贫困群众克服“等、靠、要”思想，逐步消除精神贫困。

总体而言，上述有关政策只是国家层面对智力扶贫工作诸多整体设计的部分内容。智力扶贫作为扶贫工作的重要一环，在精准扶贫开展以来日益受到自上而下的高度重视。国家层面发布的多个文件体现出智力扶贫具有无可替代的重要作用，也为智力扶贫的开展提供了驱动力与基本方向。

二、自下而上的地方实践

智力扶贫政策的实际落地离不开地方政府相关政策的探索。与中央和国家部委政策文件相呼应，地方层面在智力扶贫的不同阶段也出台了对应的具体落实规章政策。其中广东的“智力扶贫”政策制定时间早于其他地方乃至中央相关政策，是名副其实的智力扶贫运动“策源地”。

从地方实践来看，广东省清远市是我国智力扶贫的首创城市，其后智力扶贫从广东省扩散到全国，踏上了不断发展完善的探索之路。1994年7月，广东省清远市遭受了百年不遇的洪涝灾害，时任中共中央政治局委员、广东省委书记谢非同志到清远市考察灾情，指出“扶贫先扶智，治穷先治愚”，确定了扶贫工作首先在清远市技工学校开始，在抗灾扶贫的特殊背景下实施了清远市技工学校基地式智力扶贫，在全国开创性地开展智力扶贫工作。此后，广东省委、省政府向全省推广了清远市技工学校智力扶贫的做法，在技校实施“教育扶贫工程”，开辟了一条引领全国的扶贫新路径。

为总结和扩大“清远模式”的智力扶贫成果，2002年，广东省委、省政府出台《关于加快山区发展的决定》，明确提出“从2002年至2007年，省财政共安排2.1亿元，用于每年资助5000名贫困家庭子女接受2至3年的技校教育”，智力扶贫工程正式实施并纳入制度化、规范化轨道。2003年，广东省委、省政府发布《关于实施“十项民心工程”的通知》，将技工学校智力扶贫作为重要内容写入“十项民心工程”。随后，原广东省劳动和社会保障厅与省财政厅共同制定了《广东省技工学校承担智力扶贫任务的实施方案》，广东省全面启动技校智力扶贫工程。2016年10月，广东省教育厅出台《关于推进教育精准扶贫精准脱贫三年攻坚的实施方案》，从改善教育基础设施建设、实施学生资助惠民政策、实施特殊困难儿童保障政策、实施职业教育富民政策、加强贫困地区师资队伍建设五个方面，为实现“发展教育脱贫一批”的任务目标与打好脱贫攻坚战的最终愿景提供实施方案。2018年10月，中共广东省委办公厅、广东省人民政府办公厅印发《关于打赢脱贫攻坚战三年行动方案（2018—2020年）》，要求开展技能扶贫行动，实施贫困人口职业技能提升培训行动计划，为推动广东智力扶贫、脱贫攻坚工作更加有效开展提供了基本方略和制度保障。

进入新时代，广东省的智力扶贫工作随着对口支援的推进惠及了更多贫困地区的人民。在四川省甘孜州，广东省扶贫团队从培育提升甘孜州自我发展能力的长远目标出发，进一步加大教育帮扶力度，推进学校、医院精准结对帮扶工作，通过挂职锻炼、专题培训、继续教育等形式，共享广东优质教学医疗资源，助力甘孜州培育打造一支本土人才队伍，并充分发挥广东省技工院校优势，帮助甘孜州发展技工教育。广东、广西两省区扶贫办签署《广东对口帮扶广西职业教育协作框架协议》，利用广东优质的职业教育资源和就业岗位，加大对广西农村贫困家庭初中和高中毕业生的职业能力培养，提高就业率和就业质量；通过广东职业（技工）院校招生培养模式和“2+1”模式（两年广西职业院校学习+一年广东企业顶岗实习），帮助贫困学生及其家庭脱贫。在云南，广东省创新扶贫思路，聚焦职业技术教育，力争将大批贫困初中毕业生转化成产业工人，解决贫困地区就业和珠三角缺工问题，以期实现人力资源共享共赢。

此外，围绕智力脱贫主题，全国多个地区开展了符合地方实际的相关扶贫实践。譬如围绕渝东北和渝东南贫困地区脱贫致富的主题，重庆市扶贫开发办公室依托西南大学开办扶贫开发创业培训班；青海藏区通过选派各类人才前往发达地区学习和“异地就学”等措施，为青海省脱贫工作打造本土人才；贵州省将培训体系从以农村普通劳动力的引导性培训，转向重点引导和支持农村贫困家庭“两后生”开展学历教育和技能培训[①]，探寻深度脱贫攻坚之路，帮助贫困群众逐步建立起自我脱贫意识和能力等[②]。

由实践到制度，从地方到国家再到普及，作为一项“造血式扶贫”工作，智力扶贫最初顺应地方性灾害而来，如今已成为扶贫实践的一个重要组成部分。我国幅员辽阔，随着智力扶贫在全国各地的扩散性实行，智力扶贫模式将在更多元的实际场景中开展实践，获得更多样的经验反馈。长期来看，智力扶贫的实践经验有待进行系统梳理，通过丰富智力扶贫的理论讨论和实践研究，为智力扶贫政策的完善提供可靠的参考，打造具有中国特色的智力扶贫模式。

①沈洋．新形势下教育扶贫的模式选择与意义阐释——基于贵州省“雨露计划·助学工程”的实践与思考［J］．广西大学学报（哲学社会科学版），2013（02）:82-86，94.

②黄承伟，许军涛．毕节深度脱贫攻坚之路:“扶志+扶智”［J］．行政管理改革，2018（03）:57-63.

第二章
智力扶贫创新的时代价值

智力扶贫是贫困地区群众摆脱愚昧落后和脱贫致富、具有战略意义的“治本之策”，更是促进贫困地区经济发展和社会进步的根本途径。同时，在新时代背景下，人民对美好生活的向往对智力扶贫提出了新的要求，要求智力扶贫不断创新，在进一步巩固脱贫攻坚的成果的同时，有效激发贫困人口的脱贫意志，获取脱贫致富能力，筑起阻断返贫的高墙。习近平总书记在《以新的发展理念引领发展，夺取全面建成小康社会决胜阶段的伟大胜利》（2015年10月29日）中指出，“农村贫困人口脱贫是最突出的短板。虽然全面小康不是人人同样的小康，但如果现有的七千多万农村贫困人口生活水平没有明显提高，全面小康也不能让人信服。所以，《建议》*把农村贫困人口脱贫作为全面建成小康社会的基本标志，强调实施精准扶贫、精准脱贫，以更大决心、更精准思路、更有力措施，采取超常举措，实施脱贫攻坚工程，确保我国现行标准下农村贫困人口实现脱贫、贫困县全部摘帽、解决区域性整体贫困。”①

---

* 此处引文中的《建议》指在党的十八届五中全会上获得通过的《中共中央关于制定国民经济和社会发展第十三个五年规划的建议》。

①中共中央文献研究室．十八大以来重要文献选编（中）［M］．北京：中央文献出版社，2016：832.

第一节　巩固脱贫攻坚成果的长效保障

随着我国脱贫攻坚战进入收官之年，如何保持和巩固脱贫攻坚成果成为当前迫切而紧要的现实问题，而智力扶贫是其中一个关键选项。长期以来，我国的扶贫工作侧重于解决困难群众的物质需求，帮助其解决物质上的燃眉之急，局限于“输血式扶贫”。这种帮扶方式可以帮助贫困群众摆脱绝对贫困，但并不能从根本上改变贫困地区的家庭面貌，不能从根本上拔掉“穷根”。精准扶贫需要从传统的“输血式扶贫”转变为新时代的“造血式扶贫”，尤其是在后扶贫时代，需要通过“扶智脱愚”提升贫困群众的自我发展能力。

一、智力扶贫是提升脱贫可持续性的关键选项

“扶智”与“扶志”，是习近平总书记新时期对扶贫工作的新论断，是对党的扶贫理论的新发展。习近平总书记在讲话中多次强调智力扶贫在打赢脱贫攻坚战中的重要性。2012年，习近平总书记在河北省阜平县考察扶贫开发工作时提出“治贫先治愚”，要把下一代的教育工作做好，特别是要注重山区贫困地区下一代的成长，把贫困地区孩子培养出来，这才是根本的扶贫之策。①2015年，习近平总书记在中央扶贫开发工作会议上的讲话中提出“扶贫既要富口袋，也要富脑袋”②，要坚持以促进人的全面发展的理念指导扶贫开发，丰富贫困地区文化活动，加强贫困地区社会建设，提升贫困群众教育、文化、健康水平和综合素质，振奋贫困地区和贫困群众精神风貌。作为理念、人才、技术、经验四位一体的智力扶贫，是新时代我国扶贫工作的重要思想和宝贵经验。

智力扶贫是巩固扶贫成果，实现长效治理的重要方式。智力扶贫强调对贫困人口自身脱贫增收能力的提升，旨在“授人以渔”的同时帮助贫困人口融入社会并进入适合的行业，实现个人及其家庭的长远发展。针对当前我

①②人民网–中国共产党新闻网.习近平谈摆脱贫困：扶贫必扶智，治贫先治愚［EB/OL］.（2018-10-19）［2020-07-05］.http://jhsjk.people.cn/article/30329647.

国的扶贫大背景，一方面，从社会群体格局来看，对于贫困群体甚至部分徘徊在贫困线周围的群体，尽管基本温饱问题已经得到了解决，但是他们的抗风险能力较低，易因各类偶然因素而返贫。这不仅不利于扶贫成果的巩固，也不利于中国社会的长治久安。另一方面，依靠行政主导的扶贫运动化治理带来了极高的绩效，但是这种方式却无法有效应对返贫现象。比如行政“输血”式扶贫带来了农民增收，但是却无法有效防止脱贫人口返贫，并且延续这种帮扶逻辑还会带来持续性的高成本投入。

综上，我国必须寻求一种能够有效巩固扶贫成果，防止脱贫人口返贫，最终实现贫困长效治理的方式。智力扶贫因其提升贫困群体能动性的特征而能够胜此任，这一目标也因而成为智力扶贫的重要优势之一。一个贫困村的产业需要源源不断的人才输入，才能让产业在盈利的同时做大做强，得以持续发展；一个贫困村的扶贫领导班子在短期内可以保证其工作绩效，时间一长，失去热情的领导干部也会逐渐松懈；不少贫困户稳定脱贫能力差，因灾、因病、因学返贫情况时有发生，尤其是随着第一代农民工大多进入老龄阶段，其中相当一部分人因常年在外打工积劳成疾，回到家乡后生活依旧十分困难①。从目前扶贫的状况来看，全国范围内的大部分地域仍旧只是单纯地关注收入贫困，对知识贫困和智力贫困的关注不够。扶贫必扶智，要想真正筑牢不返贫的地基，必须激发出贫困人口的内生动力，或者是让其掌握一门技能和技术，或者是能够培养出具备生存发展技能的下一代来阻断贫困的代际转移。贫困地区发展要靠内生动力，这意味着不仅要让农民的素质得到提高，更要在产业和就业上为他们筑牢道路。②因此，通过进一步的智力扶贫创新，提高贫困和脱贫人群的劳动技能和就业技能并助力产业的发展，同时哺育下一代学子继续求学，习得科学技术和就业技能，是稳定脱贫的必由之路，它有助于实现一个长效脱贫的良性循环。脱贫攻坚最后一公里的路程离不开智力扶贫的支撑，只有不断加大智力扶贫的“马力”，才能真正夯实脱贫攻坚的成果。

①中共中央文献研究室．十八大以来重要文献选编（下）［M］．北京：中央文献出版社，2018：34.
②习近平．做焦裕禄式的县委书记［M］．北京：中央文献出版社，2015：17-18.

二、智力扶贫是满足人民向往美好生活需求的途径

自改革开放至今，我国的社会生产力水平不断提高，国家发生了翻天覆地的变化。习近平总书记在党的十九大报告中提出，中国特色社会主义进入新时代，我国社会主要矛盾已经转化为人民日益增长的美好生活需要和不平衡不充分的发展之间的矛盾。针对新时代新矛盾下的新要求，人民群众在多个方面的需求也日益增长和多元化，不仅对于吃饱穿暖住好的物质需求提出了更高的要求，还对美好生活的精神向往提出了新的要求。在扶贫领域，随着我国扶贫工作的推进，越来越多的贫困县已经摘帽，越来越多的贫困人口实现脱贫，国家扶贫标准线也在不断提高。早期反贫困的主要战略目标是让贫困户吃饱穿暖，满足其最基本的生存需要，而现在的反贫困目标已经升级，贫困地区的人民群众同样“期盼有更好的教育、更稳定的工作、更满意的收入、更可靠的社会保障、更高水平的医疗卫生服务、更舒适的居住条件、更优美的环境，期盼孩子们能成长得更好、工作得更好、生活得更好”。[①]而要实现这一更高级的发展目标，必须通过进一步的智力扶贫，持续改善贫困地区群众的增收能力。

智力扶贫能够显著提高农民的增收能力，这是频频见诸学界研究报告以及精准扶贫以来中央诸多文件的基础论断。自精准扶贫开展以来，国家在向农村大量输入资源、人力的前提下，通过多种行政措施和制度设置保证农村的发展和农民的增收。对于扶贫这一工作而言，提高帮扶对象的经济收入是最为直接的工作目标。由于精准扶贫工作所面临的待帮扶的贫困人口都是真正的“硬骨头”，因此，如何有效提高这些贫困人口的增收能力成为精准扶贫工作面临的首要问题。从目前国家的行政措施和制度设置来看，从中央到地方的扶贫工作要求各部门将扶贫作为本部门本地区的重点工作加入议程，形成“扶贫+”的全国扶贫大格局[②]，配合国家建立的驻村工作队帮扶制度，其扶贫成效明显且深入；但是这些措施和制度依然存在力所不及或无从发力的地方。首先，从中央到地方对扶贫工作的高度重视和因地制宜的行政配套措施均为外力推动，如果从系统的角度来看待扶贫，施加外力固然有效，但是内部发力也不可忽视。其次，驻村工作队制度的实施使得扶贫工作

①中共中央文献研究室. 十八大以来重要文献选编（上）［M］. 北京：中央文献出版社，2014：70.

②周飞舟，谭明智. “责任到人”的治理机制及其作用——以脱贫攻坚战为例［J］. 学海，2020（03）：49-58.

的基层落实得到扎实推进，但是由于驻村工作队作为一种外部嵌入农村结构的“局外人”，不仅在处理一些具体到个体的实务上需要更多时间，而且面对扶贫任务还会陷入“干部动群众不动”或“干部动群众无能力动”的困境。以上两种问题，均可归因于贫困人口自身增收能力不足，其解决之道便是通过智力扶贫提高农民各项增收能力。

第二节 智力扶贫提质增效的内在需求

进一步的智力扶贫创新不仅是巩固脱贫攻坚整体成效的需要，更是解决当前智力扶贫工作自身不足的内在需求。当前，我国智力扶贫成效存在两方面的主要问题：一是成本过高；二是效能不足。智力扶贫整体上缺乏科学、及时的过程和结果评估，限制着智力扶贫质量的提高。如何通过进一步的实践创新，改进智力扶贫工作的成效，成了亟须解决的现实议题。

一、降低智力扶贫成本

与救济式扶贫、开发式扶贫相比，智力扶贫面临的困难更多，其中一个最为关键的问题就是成本过高。目前智力扶贫工作的主要形式决定了其成本较高，尤其是在普及教育、引导科技产业落地和实施劳动职业培训等活动中，需要投入大量人力、物力和财力成本以及隐性成本。

一般认为，当前智力扶贫的成本包括实体性成本和非实体性成本两类（所包含的种类和要素见表2-1）①。所谓实体性成本，是指智力投入所需要的物质性的可视化支出，包括资金、设备和人力等三项构成要素。智力的投入离不开资金配套和相关的设备配套，如购入生产科技设备，职业培训的场地和器材，建立和完善学校教学所需的设备等。所谓非实体性成本，是指智力投入所需要的“无形资本”，是相对隐性的投入，包括制度成本、知识成本和时间成本等。其中，制度成本是为扶贫开发而建立的政策系统和组织系统。这种投入是无形的，但成本是相当高昂的，蕴含在其建立、维持和运行

①牟永福.问题·原因·对策——对我国农村贫困地区智力扶贫的成本分析及其研究［J］.江西省团校学报，2002（04）：26-28.

的过程中。而且制度系统一经确立就很难取消，即使取消也需要相当长的时间或需要产生新的制度系统进行替代。知识成本则是指为开发贫困地区农民的智力而投入的素质工程和教育系统等相关费用。由于贫困地区信息交流的环境比较差，加上部分贫困人群存在的传统惰性思想，诸多贫困人群无法主动获取所需的知识，一些能够帮助贫困人群发展的知识也很难被农民习得。所以为了帮助贫困人群获取其迫切需要却又不能轻易得到的知识，国家承担了这类知识成本的投入。时间成本则是指国家采取智力扶贫方式，投入人、财、物等资源而必须耗费的时间所换算而来的成本。

表2-1　智力扶贫成本的主要构成

<table>
<tr><td rowspan="6">智力扶贫成本</td><td rowspan="3">实体性成本</td><td>资金</td><td>资金投放用于推广科技项目、进行职业培训和普及义务教育等</td></tr>
<tr><td>人力</td><td>各类管理活动，如扶贫资金管理、设备管理、进度管理等都需要专业的管理人才，科技的推广和发展需要专业的科技人才，教育的普及需要各类教育人才</td></tr>
<tr><td>设备</td><td>科技设备、培训场地和器材、教学设备等</td></tr>
<tr><td rowspan="3">非实体性成本</td><td>制度成本</td><td>为扶贫开发而建立的政策系统和组织系统，其建立、维持、运行过程中所消耗的成本</td></tr>
<tr><td>知识成本</td><td>为开发贫困地区农民的智力而投入的素质工程和教育系统的一切费用</td></tr>
<tr><td>时间成本</td><td>为了实现贫困人口脱贫致富，采取智力扶贫方式，投入人、财、物等资源而必须耗费的时间所换算而来的成本</td></tr>
</table>

在既有实践中，诸多智力扶贫工作是作为一项政治任务开展而不计成本的。但高成本投入客观制约着智力扶贫发挥作用的空间和限度，亦间接影响着提升贫困地区群众自我发展能力的精准性。智力扶贫投入的必然性和智力扶贫投入的高成本性之间存在矛盾，急需通过进一步的实践创新，在保证智力扶贫质量的同时降低智力投入的成本。这也是智力扶贫模式提质增效的内在需求之一。

二、提高智力扶贫效能

传统扶贫方式的效能不足，主要缘于扶贫队伍工作机制的不健全或被扶贫人员的动力不足，智力扶贫同样面临相似问题，亟待通过工作方式的创新进行提效增质。

首先，扶贫工作队伍的组织能力和工作能力很大程度上影响着智力扶贫工作的进展。由多人组成的智力扶贫工作队伍，其成员有着不同的成长经历和学习背景，不同的合作和工作方式，使队伍内部难以避免地产生分歧，且难以通过培训在短时间内解决，成为制约工作效率的重要原因。同时，扶贫工作队伍的工作较复杂，工作人员除了要做好贫困户工作，还要面临来自上级的考核和审查，需要将精力分散到准备资料、办会开会等其他方面，时间分配和使用效率大大降低。因此，需要从提升扶贫工作队伍的组织和工作能力入手，促进智力扶贫效能的提升。

其次，扶贫对象的心理状态也同样影响着智力扶贫工作的推进。贫困群众是智力扶贫的对象，更是脱贫致富的主体。但当前一些智力帮扶对象仍然抱着“靠着墙根晒太阳，等着别人送小康”心理，有的贫困户发展产业不积极，争当低保户倒是很积极，党和政府的好政策变成了“养懒人”的政策，完全变了味。俗话说：“救穷不救懒”。穷固然可怕，但“靠穷吃穷”更可怕。没有脱贫志向，再多的扶贫资金也只能管一时、不能管长久①。对于这类贫困群体，既有的智力扶贫手段在短期内很难奏效，而需要注重创新智力扶贫的工作方法，注重以更多样的激励方式提高智力扶贫的工作效能。

最后，智力扶贫的长期性与扶贫干部任期的期限性、智力扶贫成效的模糊性和干部工作考核标准的明确性之间存在一定的矛盾张力，导致智力扶贫效能缺乏有效的评估。在智力扶贫工作中，智力扶贫对象的认定和智力扶贫工作方案的及时评估会影响智力扶贫工作的下一步进展。为什么人提供劳动培训，什么人需要素质、知识教育，以及进入智力扶贫范围的对象退出时需要什么条件，都需要一套实时更新的认定标准。现有的贫困户认定标准是以农民的家庭货币收入为主要依据，而智力扶贫目前还没有清晰的认定标准。智力扶贫是一个较为长期、缓慢的过程，其所获得的成果不能即时反馈。因此，智力扶贫的工作过程的具体信息也常常难以获取，智力扶贫的成果常常显得难以掌握和评估。这就意味着，要将智力扶贫落到实处，还必须对智力扶贫的推进模式进行完善，使其能够在推进的过程中不断获得评估，具体的工作方案和政策内容能够得到适时调整，从而让智力扶贫工作更高效和高质量地完成。这构成了推进智力扶贫工作创新的又一个内生性需求。

①中共中央文献研究室．十八大以来重要文献选编（下）［M］．北京：中央文献出版社，2018：37-38.

扶贫既要富口袋，也要富脑袋。要坚持以促进人的全面发展的理念指导扶贫开发，丰富贫困地区文化活动，加强贫困地区社会建设，提升贫困群众教育、文化、健康水平和综合素质，振奋贫困地区和贫困群众精神风貌。

——2015年11月27日，习近平总书记在中央扶贫开发工作会议上的讲话

中篇

探索

第三章 党政引智：上下联动的干部人才输送机制

向贫困地区选派和输送合适的人才，是智力扶贫工作顺利开展的首要保障。在“谁来扶”的问题上，华南理工大学立足贫困地区所需，结合自身优势，形成了党政引智——上下联动的干部人才输送机制（图3-1）。通过发挥党政领导的高位驱动效应和内外宣传的助推作用，华南理工大学增强了智力扶贫工作的影响力，激发了师生参与的积极性。同时，在坚持严管和厚爱相济、激励和约束并重、长期与短期结合的过程中，夯实了挂职干部成长和培养的制度保障，为智力扶贫提供了年轻干部，带去了新资源，输入了新血液，有力保证了智力扶贫工作开展的延续性和稳定性。

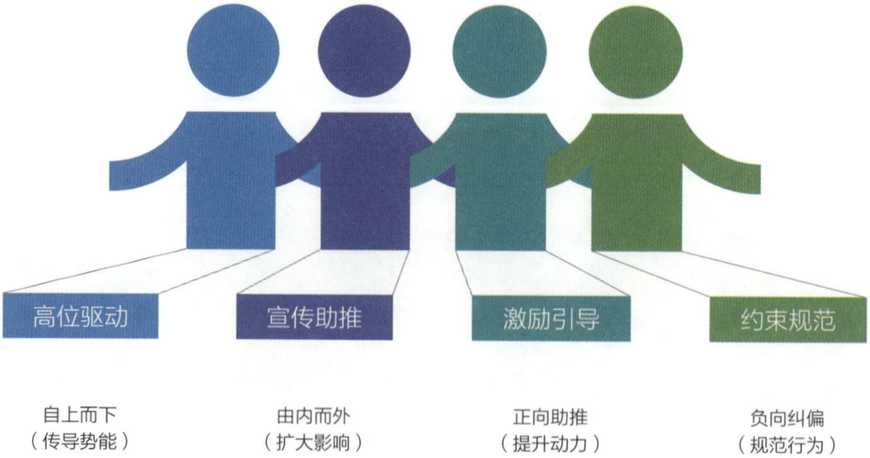

图3-1　上下联动的干部人才输送机制

第一节　高位驱动与宣传助推的动员机制

习近平总书记强调，越是进行脱贫攻坚战，越是要加强和改善党的领导。[①]党的集中领导有利于自上而下地推进各项扶贫工作，是脱贫攻坚的重要保障。为此，华南理工大学围绕“党政引智”理念，通过自上而下的高位驱动和宣传助推机制，在营造扶贫工作的政治势能和积极氛围，为扶贫工作动员更广泛的师生参与和争取更多更有力的队伍支撑等方面发挥了重要作用。

一、自上而下集聚政治势能

高位驱动反映了中国特色社会主义的治理经验，结合层级性治理和多属性治理的特点，运用协调、信任、合作、整合、资源互换等方法，解决公共政策在横向与纵向府际关系中的碎片化问题。[②]在扶贫工作中，高位驱动有利于在科层体制内形成从上到下的扶贫势能，激发扶贫动力，克服扶贫过程中纵向失真执行与横向部门壁垒等问题，是自上而下的目标制定与政策执行过程。高位驱动是党的十八大以后中国精准扶贫事业取得成功的关键所在。自2015年中共中央发布《关于打赢脱贫攻坚战的决定》以来，打赢脱贫攻坚战上升为执政党和政府的重大战略，在全国范围内形成了省市县乡村“五级书记一起抓扶贫”的局面。在一把手推动下，高位决策权威有利于形成正式规制，推进扶贫政策制定与执行，同时发挥领袖价值取向在非正式关系中的社会引领作用。[③]

此外，高位驱动是中国共产党“集中力量办大事”制度优势的生动体现，有助于通过高度组织化的过程，推进扶贫事业的长远规划、善始善终、精准治理，以及发挥中国共产党的理想、使命、政策、法规、组织、干部等

①人民网-中国共产党新闻网．习近平谈精准扶贫：开对了“药方子”，才能拔掉“穷根子”［EB/OL］.（2019-02-18）［2020-07-05］.http://jhsjk.people.cn/article/30759690.

②贺东航，孔繁斌．公共政策执行的中国经验［J］．中国社会科学，2011（05）：61-79，220-221.

③孙蔚．县级党委决策机制分析与改进策略研究［J］．求实，2010（06）:19-24.

在贫困治理中的引领作用。[①]高位驱动嵌合贫困治理以发挥制度优势，一向是我国精准脱贫国家战略的核心引擎，[②]在不断提升社会行动能力[③]以及为扶贫工作争取更多专项扶贫资金、项目与人才等过程中具有巨大的撬动力[④]，自上而下的扶贫责任落实与党的集中统一领导，有效发挥了政府、市场和社会的力量，推动形成专项扶贫、行业扶贫与社会扶贫互相推进的三位一体大扶贫格局。

华南理工大学在智力扶贫工作过程中十分注重发挥高位驱动的引领作用，党政主要领导在组织和落实整体扶贫工作部署、成立工作组、带头调查研究以及制定扶贫工作制度等方面，扮演了重要的角色，推动了智力扶贫人力资源的统筹配置。如成立了由学校党委书记章熙春、校长高松担任组长，学校党委副书记刘琪瑾、陶韶菁、麦均洪担任副组长的扶贫开发领导小组，并将小组办公室设在党委组织部，由学校党委组织部主要领导担任扶贫开发领导小组办公室主任，相关二级单位主要负责人为组员，形成了运行高效的组织领导机制，为精准扶贫工作提供了坚实的组织保障（图3-2）。

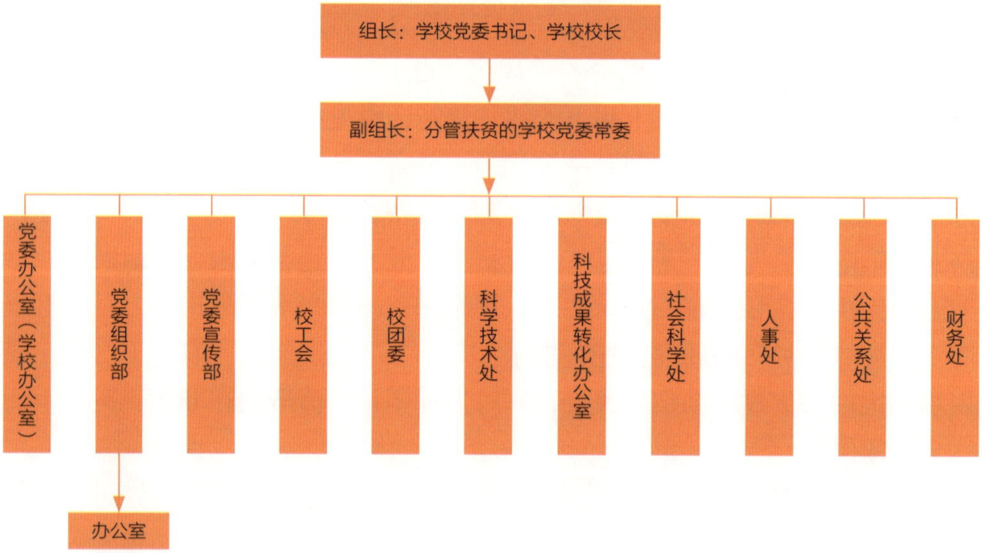

图3-2　华南理工大学扶贫开发领导小组

①李珍刚．集中力量办大事：中国特色公共管理的时代价值［J］．学习论坛，2019（12）：50-58.

②孙兆霞．以党建促脱贫：一项政治社会学视角的中国减贫经验研究［J］．中国农业大学学报（社会科学版），2017（05）：24-32.

③孙兆霞，张建，毛刚强．贵州省党建扶贫的源起演进与历史贡献［J］．贵州社会科学，2016（02）：11-16.

④李善龙，卯丹．以党建引领精准扶贫［J］．人民论坛，2019（06）：72-73.

同时，华南理工大学构筑了自上而下的过程管理机制。学校党政领导深入智力帮扶地区进行调研，结合国家政策与学校特色、宏观目标与微观执行积极研判和谋划，进一步发挥对智力扶贫工作的示范引领作用。华南理工大学党政领导关注扶贫的方式有直接参与实地走访观察（图3-3、图3-4）、听取来自目标群体的意见反馈，以及政策执行者的工作汇报。

图3-3　华南理工大学校领导（上图前排右四为党委书记章熙春、右二为党委副书记麦均洪；下图前排左二为校长高松）开展实地扶贫调研

图3-4　华南理工大学校领导（图①前排右二为党委副书记刘琪瑾；图②中间为党委副书记陶韶菁；图③右五为党委副书记麦均洪；图④后排中间为副校长李正）实地调研走访纪实

自2013年以来，华南理工大学校领导多次组织学校干部与专家前往学校定点帮扶地区，根据中央和教育部扶贫政策的总体要求，依据当地经济社会发展的基本情况，充分发挥学校学科专业优势，确定了学校定点帮扶地区智力扶贫的“三步走”工作思路，对智力扶贫工作的开展进行了整体谋划（图3−5、图3−6）。

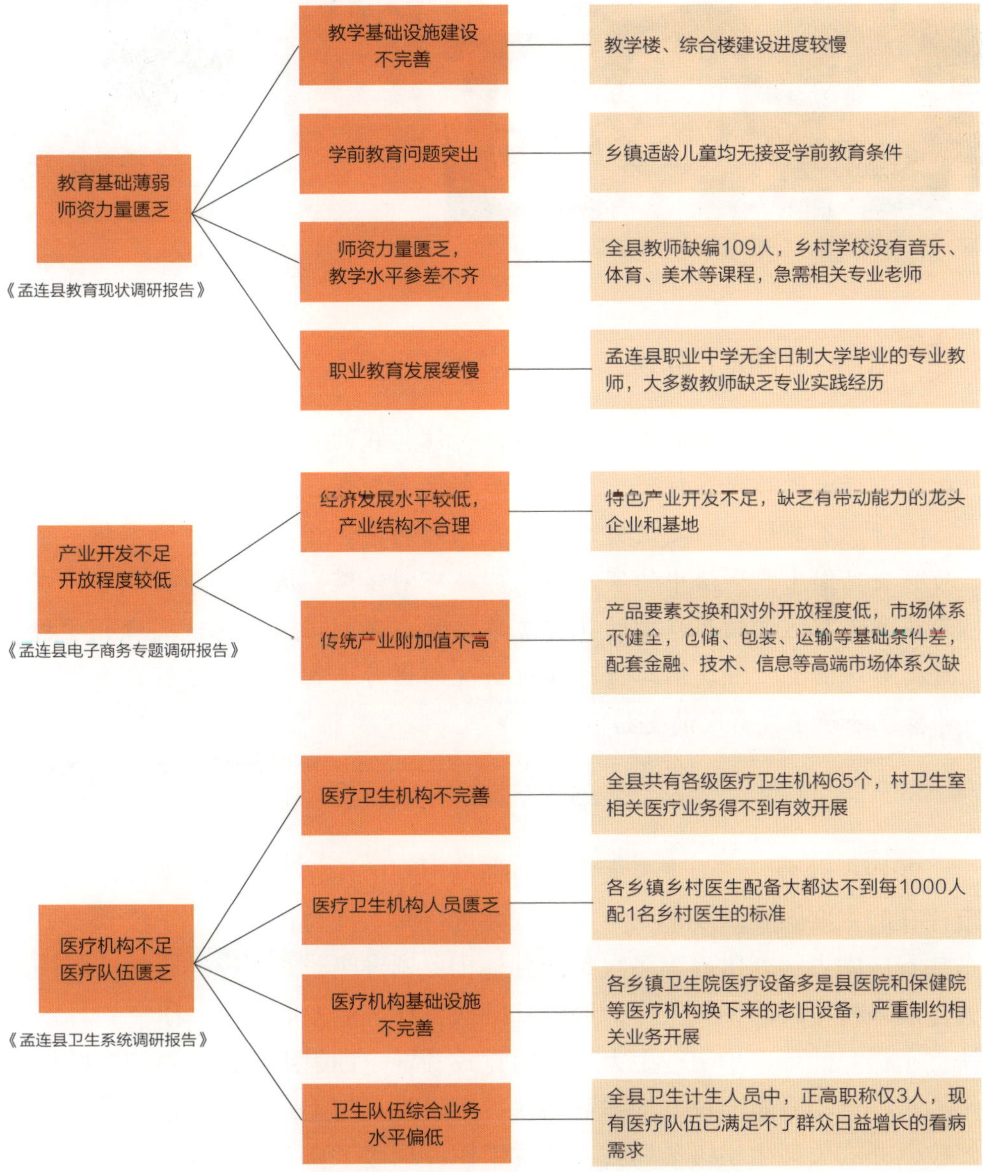

图3−5 华南理工大学孟连县帮扶调研报告

图3-6　华南理工大学开展智力扶贫调研现场

感悟·挂职干部说

第一是学校领导的关心和支持，关注村庄的发展和建设，学校全力支持小忙兔村的脱贫攻坚，学校党委书记章熙春、校长高松先后到村考察调研，了解村庄的建设需求，为我们村的集体经济发展把脉支招，帮助解决我们生产生活中的实际困难。还有刘琪瑾、陶韶菁等校领导，在云县调研期间也指导我们的扶贫工作，特别是刘琪瑾书记，还带领学校附属第一医院、附属第二医院和校医院的医疗专家团队，专程到我们村考察，给予了我莫大的支持。

——驻小忙兔村第一书记毛善超

2019年以来，华南理工大学邀请临沧市副市长赵贵祥一行来校，就临沧市存在的主要困难以及下一步工作打算进行深入探讨；同年，学校党委书记章熙春、副书记刘琪瑾等多次到云县与相关领导座谈，研究部署学校帮扶云县开展乡村振兴的相关工作，调研基础教育和产业发展情况，研究指导定点扶贫工作。此外，华南理工大学还由党政领导定期组织召开针对智力扶贫工作的常委会与专题会议，加强智力扶贫顶层设计与工作对接，带头示范和引领校内外广大师生积极参与智力扶贫工作，形成了自上而下的“发现问题—制定政策—解决问题”组织运行与整体性贫困治理机制。

感悟·挂职干部说

我们第一批去的时候碰到一个最大的问题就是云县不知道我们高校去能干什么。他们找我们要资金、要项目、要招生指标，这是他们最关心的。我们通过调研以后认为扶贫要扶智，重点打造造血功能。学校首先跟云县签了一个框架协议，主要围绕整个县经济、文化、旅游的发展，以及教育、科技、人才、信息、招商引资等几大方面。

——挂职云县副县长朱文建

在党政领导高位驱动的示范引领和组织带动下，华南理工大学充分调动各方面力量，在持续开展消费扶贫的同时，成功打造了华园“爱心”系列产品，还在智力帮扶地区设立专家（博士后）工作站，开展支教活动；同时，调动起华南理工大学校友资源，通过协助贫困帮扶地区中的云县每年举办“10.17”粤港澳大湾区招商大会及云品推广招商大会，推动云县优质资源对接湾区优质资本，引导了社会力量助推县域经济发展。

二、多维宣传，扩大参与范围

扶贫氛围的营造不仅需要高位驱动，还需要宣传助推，通过发挥正面的扶贫舆论场效应，形成更广泛的影响力。舆论场是指包含若干互动因素，从而使一些人形成共同意见的时空环境，存在官方舆论场与民间舆论场之分，而最佳的宣传视野是将二者结合以实现优势互补。①习近平总书记指出，要旗帜鲜明坚持正确的政治方向、舆论导向、价值取向，通过理念、内容、形式、方法、手段等创新，使正面宣传质量和水平有一个明显提高。②在智力扶贫工作中，宣传工作是扶贫工作的有机组成部分，通过宣传智力扶贫取得的成果、扶贫干部事迹、脱贫致富典型人物以及帮扶地区当地资源产品等③，能够发挥价值引领的外部助推与熏陶作用，既能增强贫困群众的脱贫

①江作苏，李理．传播视野：国家形象的官方民间舆论场互补建构［J］．华中师范大学学报（人文社会科学版），2014（06）：84-91.

②习近平．加快推动媒体融合发展 构建全媒体传播格局［EB/OL］.（2019-03-15）［2020-07-05］. http://jhsjk.people.cn/article/30978511.

③刘兢，陈婧，梁贤安，等．新闻扶贫：发挥媒体优势 助力脱贫攻坚［J］．传媒，2020（02）：63-66.

信心、筑牢脱贫决心，[1]也能扩大扶贫工作开展的群众基础。高校在智力扶贫的宣传方面具有独特优势——具有学科专业优势和独立宣传部门，又便于链接媒体资源，因此高校可以以媒体宣传为依托，为智力扶贫工作的开展添薪续力。

华南理工大学在智力扶贫工作中，注重从多个层面发挥宣传助推作用。首先，通过宣传实地调研情况，反映贫困户的生产生活状况以及彰显扶贫干部工作作风等，加强校内外师生对扶贫工作的认识，推广学校智力扶贫的经验。同时，通过入户宣讲、学术报告等多种方式讲解各项智力扶贫的政策举措，及时宣传国家、省、市智力扶贫的惠民政策，使帮扶地区的干部群众能够深刻认识到改变观念、提升自身内生动力在扶贫脱贫工作中的重要性。其次，华南理工大学还专门为云县制作招商宣传片（图3-7）、进行消费扶贫宣传等，阐述云县的地理地貌、文化坐标，与云县等智力帮扶地区的宣传工作者一同研讨新媒体的发展趋势、新闻发言人的职业素养及网络舆情监控等新知识。

图3-7　华南理工大学为云县制作的招商宣传片

①项蕾．教育宣传，另一种扶贫［J］．贵州教育，2019（24）：3-4.

图3-8 华南理工大学校长高松院士为云县开展消费扶贫宣传

长期以来，华南理工大学在校内校外多个媒体平台进行了多样的智力扶贫工作宣传。在校内宣传方面，通过学校官网和官微，以“云县第二弹：属于你的美食专窗”“这一碗米线，华南理工人吃的格外香”为题，宣传云县“鸡肉米线”，调动了全校师生校友参与扶贫的积极性。此外，华南理工大学近年来还积极拓展智力扶贫工作宣传路径，通过广东广播电视台新闻广播、触电新闻、广东广播在线、蜻蜓FM、企鹅FM、优酷视频、腾讯视频、爱奇艺等新媒体平台，对学校在云县、孔美村等地区的智力扶贫工作进行了全方位、立体式推广。

随着领导干部网上带货成为潮流，华南理工大学进一步创新智力扶贫工作的宣传形式，党政领导从幕后走到台前，作为公益传播、正能量传播的带动者，助推智力扶贫工作的有效开展。华南理工大学校长高松院士曾在中央电视台第一频道《开讲啦》栏目，为云县做消费扶贫宣传，扩大鸡肉米线品牌的影响力（图3-8）。通过宣传报道，一方面起到了为扶贫产品代言和打造品牌的作用，并向市场推介农副产品，从而解决农产品滞销问题；另一方面，为贫困地区群众对接了市场信息，带动了贫困地区多个产业的发展，提高了学校师生对智力扶贫工作的关注度。

总体上，通过多维平台合力宣传智力扶贫工作，全面反映贫困地区的脱贫变化与华南理工大学扶贫的具体行动，增强和扩大了智力扶贫的影响力，有力地激发了广大干部职工、校内外师生和校友参与扶贫的积极性，为引导学校各层次人才积极参与和支持智力扶贫工作营造氛围。

第二节　激励与约束并重的干部选派机制

干部选派是我国扶贫事业的一项重要人才支援与组织保障。党的十八大以来，从党政机关和国有企事业单位选派干部，向广大贫困县、贫困村派驻挂职干部、第一书记直接参与扶贫，是精准扶贫工作开展的一项重要内容。华南理工大学聚焦高校智力优势，通过激励与约束并重的干部选派机制，为智力扶贫干部队伍的稳定性与扶贫工作质量的高效性提供了保障。

一、聚焦高校扶贫干部优势

智力扶贫干部人才的输送涉及精准扶贫“谁来扶”的问题，其中，一方面是外源性的干部人才，一方面是内源性的当地干部、人才和群众。贫困地区最缺的是人才，最难的也是人力投入体系的持久、有序运行。与政府、企业以及其他社会扶贫主体相比，高校在向智力帮扶地区选派扶贫干部和专业人才时，具有更大的选择空间，在突出精准性、缺什么补什么以及优化智力扶贫干部人才结构等方面具有独特优势。华南理工大学聚焦这一人才优势，通过增加教育、医疗、科技、文化等干部人才选派的多元性，为智力扶贫工作的有效推进提供了坚实的人才支撑。

我国向贫困地区选派扶贫干部的做法始于1986年，当时我国扶贫工作尚处于组织体系及其各项机制逐步建立完善的过程中，国家成立了贫困地区经济开发领导小组（后更名为扶贫开发领导小组办公室），并提出党政机关选派干部下乡扶贫——“凡有条件的部委，都应当抽派干部，深入一片贫困地区，定点轮换常驻，重点联系和帮助工作”，同时“要选派身体好、有一定专业知识的优秀干部深入基层，参加贫困地区的开发工作”①。此后，选派干部下乡扶贫的部门由中央各部委扩展至全国各级各地党政机关：中央和国家机关向定点帮扶的贫困县选派干部，地方各级党政机关向定点帮扶的贫困乡、村选派干部，东西发达省份向西部贫困省份选派干部。

①国务院办公厅．关于转发贫困地区经济开发领导小组第二次全体会议纪要的通知［J］．中华人民共和国国务院公报，1986（23）：682–683.

2017年12月，中共中央办公厅、国务院办公厅专门印发了《关于加强贫困村驻村工作队选派管理工作的指导意见》，提出了“因村选派、分类施策，县级统筹、全面覆盖，严格管理、有效激励，聚焦攻坚、真帮实扶”的扶贫干部选派原则。干部选派机制为贫困地区注入了新的帮扶力量，在推动贫困地区全面发展、解决实际问题以及加快组织建设等方面发挥了重要作用。2020年3月6日，习近平总书记在决战决胜脱贫攻坚座谈会上发表重要讲话，充分肯定了这项工作的成绩，“全国共派出25.5万个驻村工作队、累计选派290多万名县级以上党政机关和国有企事业单位干部到贫困村和软弱涣散村担任第一书记或驻村干部，目前在岗91.8万”[①]，扶贫干部构成了我国脱贫攻坚的关键力量。

具体而言，扶贫干部的选派机制包括组织实施、选派标准制定、主要任务要求以及管理考核等诸多方面。[②]其发挥的作用主要包括以下方面：一是可以为贫困地区带去扶贫资源。扶贫资源包括扶贫干部的个人能力及其所具有的社会资本，可以帮助扶贫对象谋划发展战略，转变思想观念，创新工作思路和工作方法，以及协调和动员各方资金项目资源。二是可以完善贫困地区的社会治理结构。[③]在中国乡土社会场域中，存在长期形成的宗族、亲属等熟人关系圈。外派扶贫干部较少受帮扶地区原有社会网络的约束，能够以理性经济人的逻辑推动精准扶贫，更容易制定革新性的扶贫计划，公正、公平地把扶贫政策和资源落实到真正有需要的贫困群体。[④]三是可以加强农村基层组织建设。向贫困地区选派干部是解决基层“去组织化”“空心化”的有力举措，可以通过加强以党支部为核心的农村基层组织建设，为实现扶贫开发目标夯实组织基础，是贫困地区社会经济长远发展的一项基础性工作。[⑤]总之，各级各地选派的扶贫干部工作在我国脱贫攻坚的第一线，其工作成效往往决定着脱贫成效。

在扶贫干部的选派实践中，高校有其特殊之处。首先，高校扶贫干部是以“人民教师”的身份出场，少有官僚作风与形式主义做法，同时又具有高

①习近平．在决战决胜脱贫攻坚座谈会上的讲话［EB/OL］.（2020-03-07）［2020-07-05］. http://jhsjk.people.cn/article/31621224.

②⑤韩广富，周耕．党政机关选派干部下乡扶贫制度的建立［J］．理论学刊，2013（11）：22-25，127.

③王晓毅．精准扶贫与驻村帮扶［J］．国家行政学院学报，2016（03）：56-62.

④杨宝，苏琴．控制性赋权：基层政府精准扶贫的实践逻辑——基于国家级贫困县J村的田野考察［J］.西北农林科技大学学报（社会科学版），2020（03）：1-8.

于“理性经济人”的扶贫情怀和政治、文化修养，在人际沟通与协调方面的能力也较为凸出，更容易取得基层人民群众的尊重和认可，因而在智力扶贫工作中具有一定优势。其次，在组织管理上，高校扶贫干部既可以利用行政体制内的资源，又容易突破科层制的层级限制，通过学术和校友等圈子获取体制外资源。最后，高校教师具备深入调查研究的特长，能够精准把脉贫困地区的群众需求，为智力扶贫工作提供专业的智力支持。

基于上述高校扶贫干部选派的优势，华南理工大学注重选择合适的干部人才前往智力扶贫一线，为智力扶贫工作的开展提供有力的支持。在干部选拔过程中，华南理工大学始终坚持国务院《关于加强贫困村驻村工作队选派管理工作的指导意见》所要求的原则——“坚持因村选人组队，把熟悉党群工作的干部派到基层组织软弱涣散、战斗力不强的贫困村，把熟悉经济工作的干部派到产业基础薄弱、集体经济脆弱的贫困村，把熟悉社会工作的干部派到矛盾纠纷突出、社会发育滞后的贫困村，充分发挥派出单位和驻村干部自身优势，帮助贫困村解决脱贫攻坚面临的突出困难和问题”，并具体根据教育部关于选派赴滇西挂职干部的通知要求，结合精准扶贫岗位需求，认真研究确定拟派人选，“选硬人，硬选人”，把好推荐人选政治关、能力关、作风关、素质关，注重选派精兵强将，尤其注重从有发展潜力和培养前途的优秀年轻干部和专业技术人才中选拔。截至2020年8月，华南理工大学已根据贫困地区的需求、扶贫干部选派制度的经验做法与学校人才资源优势，先后选派包括9名副县长、3名第一书记在内的20名扶贫干部，长期定点云南、广东两省的两个县、一所大学、两个村（详见附录二）。20名扶贫干部专业能力强、政治素质好、作风过硬且善做群众工作，心系农村、踏实肯干，在推进智力扶贫工作过程中起到了先锋模范作用。

总体上，华南理工大学通过把优秀干部选派到扶贫一线，实现了智力扶贫工作与帮扶地区需求的精准对接。各个扶贫干部帮助智力帮扶地区点对点找穷根，因地施策地想法子、谋出路，做出了一系列让乡亲看得见、摸得着、得实惠的实事，获得了当地政府与群众的广泛认可。在华南理工大学2019年帮扶滇西工作中，挂职云县干部张健获得云南省脱贫攻坚奖“扶贫先进工作者”荣誉称号，驻云县小忙兔村第一书记毛善超获评临沧市优秀驻村扶贫工作队员；学校派驻孔美村扶贫工作队队长、孔美村党总支第一书记苏秋斌获评2020年“广东向上向善好青年”。

感悟·挂职干部说

很高兴看到从2013年到今天，我们一批又一批的扶贫干部在磨合中得到了帮扶群众的信任，那就是真心真情和真干，不是玩虚假的，这种信任、这种友谊非常好。

——挂职云县副县长朱文建

到一个地方，第一步要做的就是调查研究，所以我记得第一个月的主要工作是把云县的12个乡镇，包括一些重点的贫困村都跑遍。然后在了解这些情况的基础上，来有的放矢地做好扶贫工作。

——挂职云县副县长李华兵

在近8年的教育扶贫实践中，华南理工大学形成了这样一支扶贫干部队伍：他们不畏艰难险阻，割舍家乡故园；他们远离繁华都市，扎根边陲乡野；他们离开亲人，只身来到祖国的西南边陲或广东省内的贫困乡村，开始了经年累月的扶贫生活，为学校定点帮扶地区留下了一抹抹鲜明的“华工底色”。（华南理工大学派出支援定点帮扶地区干部情况参见本书附录二）这些珍贵的扶贫工作经历，也在他们心中留下了一泓难以忘怀的回忆之流。在一次交流活动的准备过程中，挂职干部张健总结了他在云南边陲大山深处的扶贫历程，讲述了他终身难忘的云州情缘：

挂职云南省云县干部张健同志扶贫工作体会汇报准备稿（节选）

习总书记说，扶贫要与扶志、扶智相结合。贫困之源在于教育。教育兴则国家兴，教育强则国家强。为了云县的教育，我曾失眠也曾流泪，但好在一片真情换来了一份份爱心，温暖了高寒山区贫困学子幼小的心灵。1154名小学生背上了中国慈善基金会送来的新书包、用上了新文具，爱心企业捐赠的价值200多万元的电脑、智能一体机、空中课室录播设备使大山中的孩子触摸到了信息时代强劲的脉搏。中国教育发展基金会捐助的400多万元资金，为大山中的孩子带来了运动场、浴室和幼儿园，唯品会带着温度的数十万元助学金累计帮助300多名贫困学子完成学业。云县小学英语提升计划来了，美丽中国志愿老师来了，学校团委派出的“西部计划”志愿者来了，他们的到来使云县小学英语开课率提高了约46%。退休之后发挥余热的可亲可敬的刘文武特级教师来了、黄少云高级教师来了，他们为云县的教育挥洒汗水、殚精竭虑，他们是新时代最可爱的人！我们的白衣天使也来了，他们为云县百姓解除了病痛；我们的规划专家来了，他们为云县的乡村振兴规划蓝图，带来希望，还有很多很多感人的故事和记忆……

二、双向规范扶贫干部管理

正向激励与负向约束是扶贫干部管理考核的两个重要抓手，是引导干部行为的一体两面。其中，正向激励根据性质和方向可分为政治激励、物质激励、外在激励、内在激励等①，目标在于肯定、表扬积极作为。而负向约束的目标在于抑制、批评不作为、慢作为与假作为，是一种约束监督措施。此外，激励与约束存在一个适度性的问题，亦即激励要与干部付出相匹配，约束要注重底线管理。②在扶贫干部的管理过程中，给予扶贫干部正向激励，在政治权力和经济权利上给扶贫干部赋能，可以有力调动其主观能动性和工作积极性。同时，在扶贫过程中，扶贫工作成效和亮点、扶贫济困的感人事迹以及艰苦奋斗的精神应该弘扬，而庸政懒政和贪污腐败等不良作风应当受到政策与法律的严格监督和执纪问责。强化激励与约束措施对于解决扶贫干部管理中“干和不干一个样，干多干少一个样，干好干坏一个样”的问题，调动扶贫干部工作积极性和激发干部担当作为具有重要作用。为此，国家脱贫攻坚任务要求中专门指出党政机关的领导同志每年应至少到被帮扶单位开展一次调查研究，看望慰问贫困群众和本单位挂职干部，督促指导本单位选派干部下乡扶贫工作。其中，“看望”一词带着多重含义，一是对表现积极的干部给予鼓励；二是对不作为、懒作为、贪污腐败的干部给予警示；三是对干部工作中存在的困难给予帮助。

华南理工大学坚持严管和厚爱结合，一直将激励和约束并重作为激发扶贫干部动力、规范扶贫干部行为的重要管理方式。在激励措施方面，华南

①彭红波．如何让基层干部甩开膀子抓脱贫［J］．人民论坛，2017（28）：72-73.

②万庄．关于完善干部激励约束和容错纠错机制的几点探讨［J］．中国行政管理，2018（10）：86-89.

理工大学领导高度重视对挂职干部的关怀，不定期赴挂职点走访、看望和慰问扶贫干部。同时，学校制定《挂职人员挂职期间工作补助等待遇管理办法》，并在学校《党政领导干部选拔任用工作办法》等规定中提出“由组织选派扶贫、支教、借调、挂职的干部，原则上保留现有职级和待遇”，并在此基础上，规定“经学校组织推荐参加一年及以上扶贫、支教、借调、挂职等工作，并经考察表现突出者，可作为选任的优先考虑条件”，明确了对扶贫干部和专业教师在干部选任、职称评审、项目申报等方面予以优先考虑和政策倾斜，夯实了挂职扶贫干部成长和培养的制度保障。此外，在华南理工大学《干部队伍建设规划（2020—2024年）》和《优秀年轻干部队伍建设规划（2019—2024年）》中，明确提出了进一步统筹用好支援边疆、对口帮扶、脱贫攻坚、乡村振兴等各类实践锻炼平台，加大对脱贫攻坚干部人才的使用和关心关爱，这对确保包括智力扶贫在内的扶贫工作的干部队伍稳定起到了“定心丸”作用。

在约束措施方面，华南理工大学认真落实教育部对脱贫攻坚干部人才的考察要求，积极与挂职单位沟通对接考察工作，并结合工作实际，将平时工作汇报、年度总结考核、期满挂职考察相结合，完善了考核管理体系，通过科学的考核约束发挥了扶贫“指挥棒”的作用。总体上，通过在激励的基础上加强约束，华南理工大学实现了对智力帮扶地区脱贫攻坚工作的督促指导与执纪问责，在资金使用情况、项目进度、干部工作作风、脱贫成效、群众满意度等方面将帮扶责任落到了实处。

第四章
孕才育智：四位一体的“大教育扶贫”体系

扶贫必扶智，治贫先治愚，教育帮扶历来是我国智力扶贫的核心策略之一。按照习近平总书记“革命老区、贫困地区要脱贫致富，从根儿上还是要把教育抓好”“五个一批脱贫路径”以及“脱贫攻坚既要扶智也要扶志”等一系列指导思想和要求，开化民智、移风易俗、扶志育人、促教兴学、培技赋能成为新时代教育扶智扶贫举措的应有之义，同时也框定了通过智力扶贫途径，实现片区脱贫的基本逻辑与总体目标，彰显出兼具目标和手段的双重角色特征。为实现这一发展目标，华南理工大学牢牢把握以“理念引领”作为扶志和扶智主要抓手的智力扶贫特征，以“能力-动力转化性”为基本维度，重点发挥自身优势资源，在定点帮扶片区的教育扶贫实践中，积极探索构建起了干部培训、学校帮扶、企业助推、社会教育四位一体的“大教育扶贫”体系（图4-1），注重打好提升贫困地区人力资本与社会资本的组合拳，打通了智力扶贫基本目标的实现路径，形成了教育精准扶贫的“华工样本”。

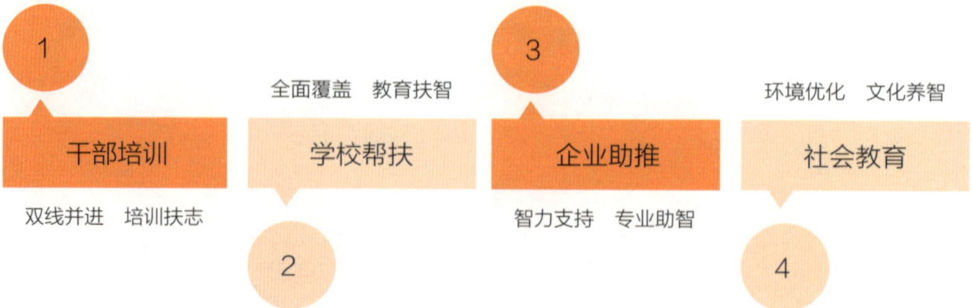

图4-1　四位一体的“大教育扶贫”体系

第一节　干部培训：双线并进的培训扶志

脱贫成功，要靠领头雁。在扶贫过程中，需要注重对两类引领人群的重点培训：一类是企业家、带头人、乡村精英等与当地产业资源紧密结合的群体，另一类便是本节将讨论的拥有扶贫资源调控与监督权力的贫困地区各级党政干部。针对这些党政干部，华南理工大学发挥人才、技术、智库等优势，采取了一系列培训扶志举措——通过华园云州大讲坛等品牌讲座、在线课堂等常态化培训项目，提升定点帮扶地区党政干部的综合素质及其掌握新思想、新理念、新知识和新技术的能力，为其解放思想、释放内在脱贫动力提供智力支持和思想引领。此外，华南理工大学培训扶志的另一个重点环节在于发挥党建工作的助推作用，通过驻县挂职干部、驻村扶贫工作队牵头的各项党建与精神文明建设活动，进行润物细无声的“软培训”。扶贫干部率先垂范、身体力行，进行言传身教式的理念渐染和感化，不断强化贫困地区干部和发展带头人的脱贫信念和意志，为当地培育了数支“撤不走的脱贫事业干部队伍”，为智力帮扶地区实现长效脱贫打下扎实的人才资源基础。

一、以实地调研触动发展能量

调研过程不仅是了解问题、对接需求的过程，也是教育扶智、思想激活、士气提振的过程，调研发挥着“软培训”的作用。2018年以来，华南理工大学校领导亲自带队，与师生校友赴云县开展各类专题调研120余人次（图4-2）。通过对贫困户进行遍访、慰问，与其聊天、交谈，详细了解每个贫困家庭情况。同时，通过二级单位一对一帮扶、贫困学子认助、义诊送药、三下乡、产业扶贫、转移就业、慰问帮扶等方式，建立了一户一策的智力扶贫机制。在调研云县全域旅游规划的过程中，华南理工大学各学科专家先后30余人次赴云县开展实地考察，召开各类交流座谈会20余场，足迹遍布云县的乡镇、村。调研的交流反响热烈，极大地激发了云县党政干部的发展热情。

其实，华南理工大学调研团队和派驻干部的精神风貌和一举一动都在潜

图4-2 华南理工大学校领导（上图前排右四为党委书记章熙春、右二为党委副书记麦均洪；下图后排中间为校长高松）带队赴云县深入调研

移默化地影响着定点帮扶地区的干部群众。在谈及对华南理工大学派驻对口帮扶地区扶贫干部的总体印象时，多年在云县大寨镇教育办公室工作并刚刚调至县第二完全小学的李维洪校长认为华南理工大学驻云县干部的亲民、亲为风范对云县干部群众的影响很大，展现了一个党员扶贫干部的优秀风貌；同时，让云县干部和群众看到华南理工大学派驻过来的干部是真心实意来和大家沟通以及帮大家解决问题的，亲眼见到了肯干事、能干事的优秀干部作风，对华南理工大学派驻干部产生了信任感，也埋下了对标先进的种子，为智力扶贫地区积蓄了发展能量。

感悟·挂职干部说

华南理工大学专家教授和派驻干部的率先垂范和言行示范“软培训”对提升对口帮扶地区干群的思想认识水平有极大的作用，塑造了当地干群的“内生发展动力”。

大学的文化引领作用，大学领导的风范、大学教授的学识、大学干部的作风、大学生的青春风采，都能让村民眼前一亮。我们村的群众肯定不会说‘读书无用’这样的话，我们村的孩子个个在读书上是你追我赶的。总的来说就是（干部群众）眼界高了，目标更远大了。

——驻小忙兔村第一书记毛善超

二、借专业优势创新培训平台

与其他帮扶主体相比，高校的一个重要比较优势在于思想理念的超前性与专业技术资源的丰富性，具有“知识密集（学科齐全）”和“人力充沛（师生众多）”的智力资源特征。此外，高校还具备天然的教育能力优势，可以为定点帮扶地区打造专业知识与技术资源的集成平台。华南理工大学自开展智力扶贫工作以来，充分依托自身专业资源优势，先后打造了“华园云州大讲坛”与“教师进修网络教育学习中心”等培训平台，为智力帮扶地区的党政干部提供各类知识技术培训。

自2013年定点扶贫云县开始，华南理工大学便与云县签订了《华南理工大学、云县对口帮扶战略框架协议》。为加大帮扶深度，华南理工大学在2015年充分利用学校各方专业资源，与云县精心打造了“华园云州大讲坛”，不定期邀请华南理工大学的专家教授到云县授课培训（图4-3）。截至2020年8月19日，“华园云州大讲坛”已举行13期专题讲座和报告，累计培训干部、企事业单位负责人、技术人员达3264人次（表4-1）。

同时，华南理工大学依托云县教师进修学校，结合自身专业学科优势，设立了“教师进修网络教育学习中心”，将云县公务员纳入教育范围，搭建干部教育培训新平台，拓展干部培训新渠道，提高云县地区党政干部的学历层次和文化素质，帮助他们进一步解放思想、转变观念、提升能力。

图4-3　华南理工大学派出名师到云县授课培训

表4-1　华南理工大学定点帮扶云县培训情况统计表（截至2020年8月19日）

年度	培训时间	培训形式/主题	参与培训人员			备注
			总数	党政干部	技术人员	
2014	10月8日—14日	云南省云县领导干部培训班	52	52		赴华南理工大学工商管理学院学习培训
2015	8月10日	“群体性事件治理与舆情应对”专题报告会	355	338	17	华园云州大讲坛第一期
	11月30日—12月5日	云南省云县领导干部培训班	43	43		赴华南理工大学公共管理学院培训
2016	4月11日	“华园云州在线讲坛”启动	148	63	85	华园云州大讲坛第二期
	7月12日	“信息社会来临与社会转型升级”专题报告会	96	96		华园云州大讲坛第三期
	10月21日	“生态文明建设与新型城镇化”专题报告会	98	98		华园云州大讲坛第四期
2017	9月2日	“社会转型背景下的基层治理创新：背景与路径”专题报告会	104	104		华园云州大讲坛第五期
2017	9月4日	“移动互联网时代的整合品牌传播”专题报告会	105	105		华园云州大讲坛第六期

（续表）

年度	培训时间	培训形式/主题	参与培训人员			备注
			总数	党政干部	技术人员	
2018	8月20日	“生命与健康——关于压力的心理调适”专题报告会	98	98		华园云州大讲坛第七期
	8月31日	“发展全域旅游助推乡村振兴——创造云县美好生活”专题报告会	112	112		华园云州大讲坛第八期
	11月13日	“新时代、新探索，乡村振兴背景下的乡村建设实践与探索”专题报告会	105	105		华园云州大讲坛第九期
	12月4日	“新材料运用”专题讲座	156	156		华园云州大讲坛第十期
	12月9日—13日	云南省云县领导干部综合能力提升培训班	28	28		赴华南理工大学继续教育学院培训
2019	11月27日	“不忘初心、牢记使命——为人民幸福、民族复兴努力奋斗”专题报告会	894	469	425	华园云州大讲坛第十一期
2020	6月3日	“哈佛见闻”“建筑的内与外”专题讲座	862	448	414	华园云州大讲坛第十二期
2020	8月19日	“基层治理中的法治思维与方式”专题报告会	131	131		华园云州大讲坛第十三期

资料来源:华南理工大学定点扶贫内部资料，表格为本书编者自制。

此外，考虑到云县地区经济落后、交通不便等诸多现实条件，华南理工大学把推进现代远程教育作为智力扶贫的一项重要举措，投入300多万元建立“华园云州大讲坛”在线教育系统，并免费向包括云县在内的整个临沧地区开放华南理工大学优质的在线学习资源。该系统吸纳了计算机科学与技术、行政管理、法学、会计学、金融学、工商企业管理、人力资源管理、电气工程及其自动化、国际经济与贸易、土木工程、工程管理、物流工程技术、机械电子工程等13个专业395科次的学习资源，授权用户登录就可以观看自己所选课程的视频和其他材料，当地干部足不出户便可享受优质教育资源。

三、由言传身教培植先进理念

表面来看，一个地区或家庭的贫困受制于自然资源、劳动力水平、疾病等因素；但深入来看，往往和文化水平有限有很大的联系，因文化水平不高导致眼界狭隘、处理问题的手段不多、预防风险的意识不够等而致贫。在贫困地区，很多党政干部考虑的还只是出去多拉几个项目、多搞一点钱来发展生产和解决眼前困难，大家有发展的动力，但缺乏资源整合能力和受制于局限的思维定势。对此，华南理工大学驻村干部在智力扶贫工作中注重发挥咨询引导作用，通过言传身教帮助当地干部更新发展理念，为智力帮扶地区培育了一支可持续发展的干部队伍。

高等院校参与智力扶贫更易使贫困地区形成崇文重教的风气，塑造贫困地区干部群众求进步、求发展的志气，是“扶志”的重要一环。华南理工大学派驻广东省揭阳市孔美村的第一书记苏秋斌，反复思考的问题是如何提振干部群众的精气神，把大家的注意力转到求富思进上。他说：“思来想去，觉得关键还是要把村里的党组织功能强化起来，真正能够成为堡垒，让村民有指望、有盼头”。因此，到孔美村后，苏秋斌首先抓的就是夯实加强村级党组织建设，实施党建教育“五个一”工程：讲一系列党课，看一部红色经典电影，重温一遍入党誓词，接受一次红色教育，做一次志愿服务。同时发挥红色文化熏陶功能，通过建设党建文化长廊、党建之路、党群服务中心，对当地干部进行思想教育。苏秋斌充分发挥党员干部的带头作用，带领工作队结合村情社情民情，注重把当地党员干部培养成为脱贫攻坚的“领头雁”和能谋善干的“当家人”。苏秋斌经常邀请当地党员干部参加各种扶贫工作会议、不忘初心牢记使命教育活动等，帮助他们解放思想、开阔视野，增强他们治理乡村和推动发展的能力。此外，苏秋斌还组织村里曾经参加过对越自卫反击战并荣立三等功的老党员唐林松为党员讲述越战故事，加强初心使命教育，引导广大党员在村里各项建设和工作中做在前、冲在前，在各种资源和利益分配中排在后、拿在后，培育了一批乡村发展带头人。此后，在孔美村，掀起了一股工作队和党组织带头、干部群众共同建设美丽家园的热潮，激发了当地求发展、谋发展的内生动力。

第二节 学校帮扶：全面覆盖的教育扶智

学校教育是智力扶贫工作中不可或缺的关键一环，对此，华南理工大学依托学科、人才资源以及各级附属教育机构的办学优势，重点扶持对口支援贫困地区的教育事业发展，开展了一系列两地中小学、幼教教师的交流，以及各类教师培训活动、教育人才输送和软硬件教育资源投入等活动。该路径的作用对象主要是对口帮扶地区的各级代表性公办学校，旨在通过教育扶智，构筑并强化贫困地区人力资本提升、代际贫困阻断的组织标杆。

一、构建多层次教育扶贫格局

出生于贫困代际传递家庭的子女，比非贫困代际传递家庭的子女更容易陷入贫困状态。贫困文化理论认为在贫困家庭乃至贫困圈层中普遍存在着贫困“亚文化”，并由之形成制度化的贫困文化氛围，加剧贫困代际传递的恶性循环。印度籍诺贝尔经济学奖得主阿马蒂亚·森提出了能力贫困理论，将分析视野聚焦至贫困家庭成员个体的自我发展能力，将贫困发生归因于“个体基本生活物质获取能力的缺乏及其导致的相应个人发展选择机会能力的丧失”。贫困家庭成员往往缺乏发展甚至生存的必要技能，对改变贫困现状力不从心。此时若没有有效的外力加以干预辅助，贫困现象在一般情况下会呈现出加剧向下一代传递的趋势，导致贫者越贫的恶性循环。

贫困环境导致并强化的个体发展能力缺失和落后文化习得，均能在很大程度上解释导致“贫者愈贫”恶性循环的因素及其形成机制。数十年来众多学者和政策实践者都致力于在厘清致贫因素及其作用机制基础上，探索消解贫困问题的外部干预举措。他们所得到的一个共识是：迄今为止，教育是最显著、最有效的外部治贫干预措施之一。在我国决胜脱贫攻坚之际，教育扶贫也屡屡出现在实现脱贫路径的关键表述中，被认为是阻断贫困代际传递的治本之策。在教育扶贫的基本内涵上，有学者认为在总体的扶贫开发进程中，教育扶贫应当具备两个层面的意涵：一是扶教育机会之贫，即着力于解决贫困地区教育基础设施和教育实施过程中各类物质资源的匮乏和贫弱问题，为贫困人口获得教育并实现受教育机会均等化的目标创造条件，从而提升教育公平程度。这是教育扶贫最为基础的目标，也构成了教育扶贫举措体系的底部结构。二是扶教育水平之贫，即通过办好贫困地区的教育事业，为贫困地区人口提供更多、更优质的高水平教育服务，使他们获得必要的知识与技能，形成自我发展和参与经济社会发展的能力，从而为推进贫困地区减贫脱贫和经济社会发展奠定良好基础。

概言之，贫困的发生具有代际传递的规律，而教育是阻断贫困代际传递、提升贫困地区人口获取生存与发展基础技能的治本之策。为此，华南理工大学在智力扶贫实践中，面对定点帮扶地区教育机会和教育水平均有待提升的“教育双维度贫困”现状，依托前期的充分调研、实时的目标调整以及多路并进的教育帮扶举措，构筑起了托举定点帮扶地区的全层次教育发展帮扶体系：在直接投入和教育基金的支持下，学校与定点帮扶地区紧密合作，构建了覆盖大、中、小、幼教育的多层次教育扶贫格局（图4-4）。

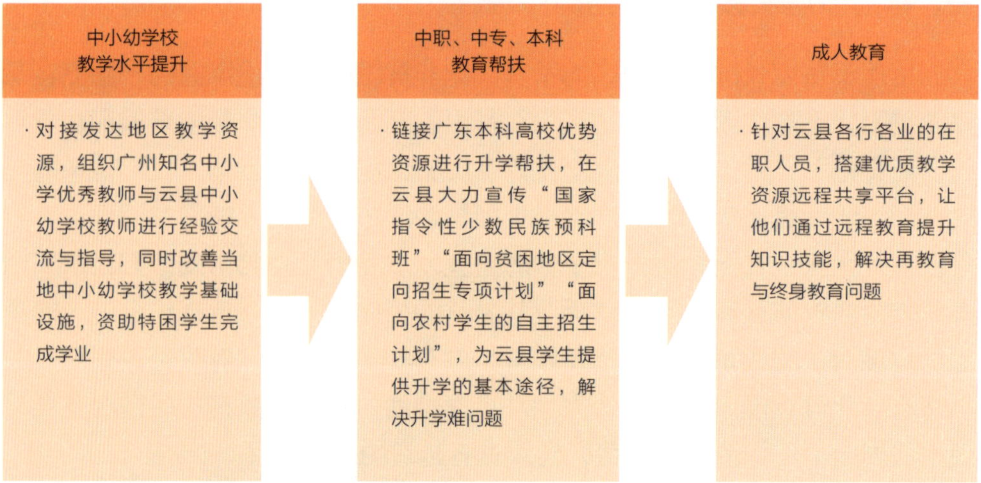

图4-4　华南理工大学的多层次教育扶贫格局

资料来源：华南理工大学定点扶贫工作内部资料。

华南理工大学的多层次教育扶贫格局覆盖了定点帮扶地区的各类学校，针对定点帮扶地区教育资源稀缺、科技人才匮乏的发展困局，构建了立体化的学校教育帮扶体系，形成了对全日制本科、专科、中专、中小学以及成人教育的深度教育帮扶模式，极大地提升了定点帮扶地区发展的人才内生动力。在华南理工大学的协调下，2018年8月，华南理工大学附属实验学校分别与云县民族中学、爱华完全小学和大寨镇邦别完全小学签订结对帮扶协议，双方互派13名优秀教师骨干开展交流学习，加强了双方中小学层次的师资与学生交流。同时，华南理工大学还将一些非对口帮扶对象，如云县大寨镇大寨完全小学、棠梨坝完全小学、箐门口完全小学、团结小学等学校纳入智力扶贫范围，根据各中小学实际需求进行了力所能及的支持（图4-5）。

在对口帮扶的同时，华南理工大学还通过派出教师和“西部计划”志愿者开展义教活动，协调“美丽中国”支教团队到云县支教，以及支持云县学子到华南理工大学参加青少年科学营活动等，将优质教育资源注入智力帮扶地区。此外，华南理工大学还积极帮助智力帮扶地区对接本省、本校高等教育资源，一方面链接广东本科高校优势资源进行中职、中专、本科升学帮扶，另一方面，宣传“国家指令性少数民族预科班”“面向贫困地区定向招生专项计划”“面向农村学生的自主招生计划”等，为智力帮扶地区学生提供更多的升学途径参考，帮助贫困学生解决升学难问题。华南理工大学还搭建了优质教学资源远程共享平台，帮扶智力扶贫地区的成人教育，解决再教育与终身教育问题，真正做到了从学前教育到高等教育的多层次教育扶贫。

图4-5　华南理工大学援建定点帮扶地区中小学工作纪实

华南理工大学教育帮扶纪实：云县大寨镇邦别完全小学的完美蝶变

邦别完全小学位于云南省临沧市云县大寨镇慢赖村，是一所建于海拔2100米半山处的乡村小学，其教学水平曾长期在大寨镇小学中位于底部梯队，是一所名副其实的深山弱校。2018年8月，华南理工大学正式与邦别完全小学签订帮扶协议，拉开了这所山村小学优美蝶变的序幕。

华南理工大学多次组建调研团队到邦别完全小学开展义教帮扶活动，为党员教师上示范课，传授先进的教学与管理经验。截至2020年7月，华南理工大学累计组织云县大寨镇教师（含邦别完全小学）赴华南理工大学交流培训达35人次，促使邦别完全小学的整体教学水平实现质的提升。

华南理工大学利用教育基金为邦别完全小学筹资建设学校围墙并帮助援建邦别幼儿园，使学校的办学条件得到进一步的改善。除了教育硬件设施改善，华南理工大学还为这个地处山区的小学送去爱心包裹，帮助特殊困难学生争取唯品会公益助学项目名额，为邦别完全小学师生捐赠校服160套，通过微心愿活动帮助即将毕业的邦别完全小学六年级学生实现小心愿。正是他们的小小爱心之举温暖了邦别完全小学学子们的心，让学校贫困学生能够摆脱后顾之忧，全身心地投入学习。

更为直接的教育帮扶还体现在组织大学生志愿者支教团队方面。华南理工大学连续三年组织大学生志愿者支教团队开展支教活动，重点为当地提供充足的英语师资。回顾2017年之前，大寨镇小学中能够开设英语课程的仅仅只有大寨镇完全小学，在华南理工大学的帮扶之下，英语课堂终于得以走进大寨镇邦别完全小学乃至全镇的小学，大寨镇的小学生们如今也能用最简单的英语句子流利地与人打招呼，全镇城乡教育差距逐步缩小。

总而言之，在华南理工大学的关怀和扶助下，邦别完全小学的办学条件以及教学成绩都得到了质的飞跃，2014年前，邦别完全小学占地面积小、校舍破旧，校园建筑仅有教学楼和宿舍楼，学校综合排名靠后，位列全镇小学的第12位。在获得华南理工大学的签约帮扶后，邦别完全小学校园占地面积得到大大扩展，综合楼、篮球场等教学基础设施日益完善，办学条件得到飞跃式的改善。与此同时，近年来邦别完全小学的学生成绩综合排名逐年提升：2017年位列全镇小学第11名，2018年位列第9名，2019—2020学年度，邦别完全小学六年级学生语文和数学两科总成绩在云县排名第一，在非边境县451所学校中语文和数学两科总成绩排名居全临沧市第三，在农村606所学校中语文和数学两科总成绩排名居全临沧市第二，数学单科成绩居云县第一。实现了从云县大寨镇末流小学提升为全市小学前列的华丽转身。这一切成绩的取得都离不开华南理工大学在履行对口帮扶责任时所付出的努力。

华南理工大学的多层次教育扶贫经验显示，对接发达地区的教学资源来提升中小幼学校教学水平，是开展高校教育扶贫的关键抓手，可以为帮扶地区的学校教育发展提供有力的智力扶持。

二、统筹差异化物质资源投入

智力扶贫的重点在于对贫困地区学校教育的扶助。在华南理工大学长达8年的教育扶贫历程中，已总计对10所中小学、幼儿园开展了较为全面的教育帮扶，相关举措包括教学物资帮扶、支教帮扶、培训帮扶、师生交流、捐资助学等。总体而言，华南理工大学的教育扶智举措融汇了硬件与软件扶持手段，体现了全方位的教育扶助——贯通了定点帮扶地区的义务教育全阶段，还分别向幼儿园和高中等层次延伸，全面促进了云县、孔美村等贫困地区教育事业的蓬勃发展，取得了显著的成效。

（一）构建多维投入机制，构筑扶贫物质基础

在教育扶智过程中，华南理工大学十分注重组织和协调各类教育物质资源，助力贫困地区教育资源规模和质量的提升，为促进教育机会均等化构筑坚实的物质基础。所谓“兵马未动，粮草先行”，在教育扶贫过程中，教育物质资源的重要性不言而喻。一方面，各类物质资源的匮乏和贫弱是贫困地区人群正常教育机会少的直接因素；另一方面，基础性教育资源又是贯穿各个教育阶段的必要条件。因此，教育物质资源既是教育扶贫举措的先导，也是教育扶贫持久的保障性基础，是为贫困人口教育机会均等化创造条件和提升教育公平程度的必要之举。

具体而言，根据性质不同，教育扶贫资源可划分为物质性资源和非物质性资源两大类。前者涵盖奖助学金、教学设备、图书资料、学习用品、学生服务设施等硬件资源，后者则指向教学技能培训、学习交流机会、教学设备应用技术等软件维度。基于马斯洛需求理论，在教育扶贫开发的历程中，上

述各维度的教育扶贫资源根据贫困地区的现实需求的差异，往往还呈现出一定的层次：物质性的教育扶贫资源往往被认为是基础性的资源，而非物质性的教育扶贫资源则被认为对应高阶教育扶持需求层次。值得注意的是，这些物质性和非物质性教育扶贫资源内部也存在着不同层次，各自构成了从基础资源到高阶资源的连续统一体。

基于以上认识，华南理工大学在扶助定点帮扶地区教育事业发展时，积极调动校内外资源，一方面建立内部教育扶贫基金，申请专项资金对定点帮扶地区对口帮扶学校进行捐资助学和教学设备捐赠；另一方面，利用校友网络等社会资本筹集资金，对接助学项目，为定点帮扶地区的教育体系注入充足的基础性教育物质资源。其中，针对定点帮扶地区中，大多地处偏远山区的村镇小学缺乏基础性教育资源，并由此导致教学质量低下的情况，华南理工大学主次分明、合理有序地调配扶贫资源，由浅入深地开展了嵌入式的教育扶贫物质资源供给，取得了显著的扶持效果。不论是在揭阳市惠来县孔美村，还是在临沧市云县小忙兔村和慢赖村，华南理工大学的教育物质投入都没有缺位：崭新的教学楼、计算机教室、整洁的浴室、贴身的校服……带给孩子们的，远远不只是精气神的提升，更多的是学校办学质量的跃升。

图4-6　由华南理工大学援建的小忙兔村小学“华云计算机教室”
资料来源：华南理工大学定点扶贫工作内部资料。

例如，华南理工大学在定点帮扶地区云南省云县大寨镇慢赖村邦别完全小学、箐门口完全小学、爱华镇小忙兔小学、云县高级职业技术学校等学校援建了4个“华云计算机教室”（图4-6），希望能为山区的孩子打开现代信息技术的大门。同时，华南理工大学发动建筑设计院为孔美村小学免费设计教学综合大楼、打造校园新景观（图4-7），通过教学环境的优化，对孔美村小学生源的改善以及学生成绩的提升起到了一定的促进作用。

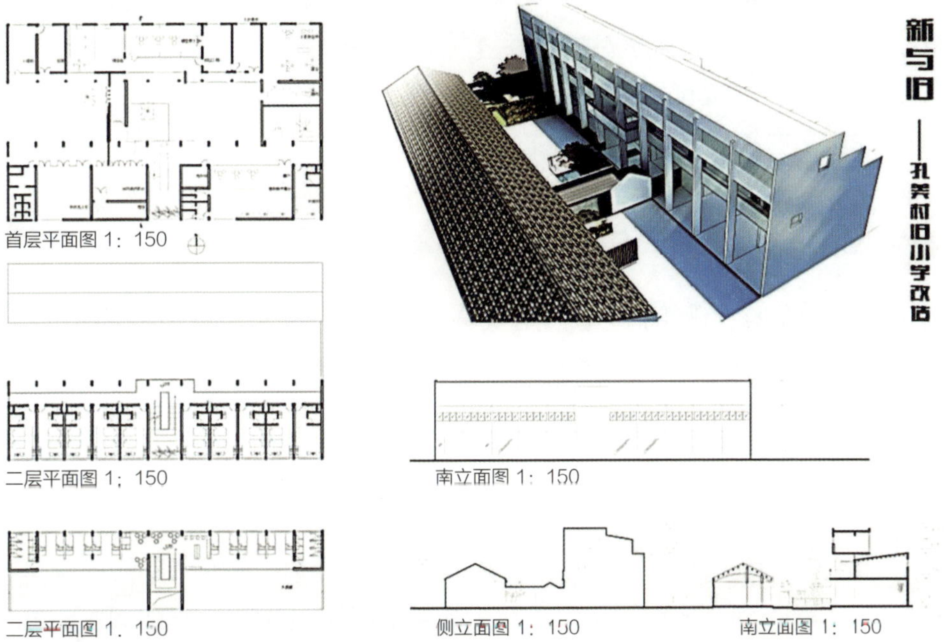

图4-7　孔美村旧小学改造示意图

资料来源：华南理工大学定点扶贫工作内部资料。

回响·乡土音声

对于学校校园环境改造工程给孔美村带来的转变，在孔美小学工作24年的现任校长钟坤弟很有发言权，他描述道：

“以前校园基础设施差，操场不是现在的水泥地，也没有跑道，现在环境整体改变了很多，学生的成绩也提高了。原本村里很多人都把孩子送去外村就读，现在很多又被吸引回来了。孔美小学的生源从原来的200多人，增加到现在的300多人。学生成绩也提升很快，我刚接手时，学校毕业生统考成绩在全隆江镇上排第28名，今年冲到了第 1 名。”

刚到孔美村，华南理工大学扶贫干部苏秋斌便率领学校驻孔美村扶贫工作队到孔美小学拜访，并多次实地调研寻找扶智突破口。尽管孔美小学校长对扶贫队的到来一开始是警惕的，但经过一番努力，扶贫工作队还是了解到小学发展面临的诸多困难，其中便包括孔美村内两所小学（孔美小学和周美小学）学生长期没有校服，孩子们穿的大多是兄姐穿过的旧衣服。这是一个教育资源帮扶的突破口，于是驻村工作队决定，孔美村的教育扶智工作可以从捐校服开始。经协商敲定，华南理工大学给孔美村所有小学生每人捐赠了4套校服。在华南理工大学对口帮扶孔美村小学和云县小忙兔村小学、邦别完全小学等学校的教育扶贫进程中，华南理工大学都是从一件校服开始，逐步加大对基层村镇小学的基础性物质教学资源的扶持。

感悟·挂职干部说

发放校服后，学生们的精气神提高了很多。村民见到我们都很热情，就连我去镇上吃糖水，糖水店的老板都知道这件事。

——驻孔美村第一书记苏秋斌

除了校服，华南理工大学在改善孔美村其他教育基础条件上也下了很多功夫：2019年6月，扶贫队伍号召有条件的教师和校友大力资助特困学生，切实让孔美村的每一位贫困学生不愁没衣穿、不愁没学上；华南理工大学二级单位、民主党派以及爱心教师等认助了村里77位贫困户义务教育阶段的学生，给予每位学生每年1000元资助。对此，认捐助学活动的发起人苏秋斌还原了当时华南理工大学教职工积极参与认助的热闹场面："我本来还担心没有多少单位乐意认助，没想到各个（二级）单位抢着认助。我信息一发出，不到两小时就认助完了。"此外，华南理工大学每个学期还为孔美村两所小学捐赠文具、体育用品等，想方设法帮助小学改善教学条件，提高教学质量（图4-8）。

总体而言，针对孔美村教育基础薄弱的状况，华南理工大学以加强村小学教育水平为核心，辅助制订村小学基础设施建设修缮方案，完善孔美村小学教学设备，优化学生学习环境，鼓励和支持贫困学生完成学业，为孔美村的教育扶贫事业贡献了鲜亮的华南理工底色。

在云县，华南理工大学根据当地需要进行了以图书资源和教学设备捐

图4-8　华南理工大学助力孔美村教育发展

赠为主的教育物质资源帮扶，投入和引进各类帮扶资金和物资，价值1300余万元。首先，图书资源是帮扶地区教育事业发展的基础性教育资源，自2018年起，为助推云县教育事业的建设和发展，华南理工大学加大对云县图书馆的扶持力度，华南理工大学出版社、华南理工大学图书馆对云县图书馆进行了捐赠。其中，华南理工大学出版社向云县图书馆捐赠纸质图书5000册，价值15万元；华南理工大学图书馆向云县图书馆捐赠图书10000册，价值30万元，捐赠电子书350万册，价值233万元，共享电子数据库资源，价值1852万元/年。这些捐赠进一步丰富了云县图书馆的文献入藏量，补齐了第六次全国公共图书馆评估定级工作中云县图书馆纸质文献和电子文献总量不足的两大短板。目前所捐赠图书已经入库并逐步进行加工整理和上架，很快便能为云县师生提供借阅服务。其次，在云县教育硬件上，通过捐赠、直接投入等方式资助。一方面，学校投入资金上百万元为云县一中、云县职业高级中学等建设计算机教室；另一方面，积极争取社会资源开展捐资助学活动，向校友企业争取捐赠价值280余万元的教育信息化设备，为云县一中、第二完全中学、爱华完全小学、大寨中学、第二完全小学建设4K高清录播室、教育媒体运营中心、华云信息化教室、校级教育资源云平台、县级教育资源云平台及交互式智能教学一体机等，为对口帮扶地区的教育资源提升做出了极大的贡献。此外，华南理工大学挂职干部还积极争取中国教育发展基金会、博研慈善基金等慈善机构和公司捐款捐物，捐献助学金，修建幼儿园和浴室等基础设施，改善云县教育的硬环境。例如，争取中国教育发展基金会等资金540余万元，为云县漫湾完全小学、新村完全小学、密竹林小学、邦别完全小学、团结完全小学、小忙兔小学、幸福完全小学、大朝山中学等中小学建设运动场、厨房、浴室、围墙、厕所等附属设施。此外，华南理工大学还创新帮扶模式，以产业扶贫反哺教育扶贫，设立爱心系列项目，并成立云县品牌联盟，在云县设立“华云爱心基金”，实现“以商养教”目标，为云县教育事业注入内生性扶持资金，为对口帮扶地区教学技术环境的改善提供了支撑。

再次，华南理工大学还积极争取各类社会资源捐资助学。华南理工大学还积极争取中国扶贫基金会、唯品会等慈善机构、公司及个人捐款捐物，捐献助学金，合计折资100余万元，推动云县教育发展。例如，争取唯品会信息科技有限公司等慈善机构对云县一中及12个乡镇约400名中小学生进行资助，每人发放1000～3000元，累计发放80余万元助学金，帮助贫困优秀学生顺利完成学业；向云县第二完全小学、爱华镇小忙兔小学、大寨镇邦别完全小学、箐门口小学等对口扶贫学校捐赠教材和读物近万册；联系中国扶贫基金会捐赠1154份爱心包裹；华南理工大学附属实验学校向云县邦别完全小学捐赠160多套校服等，为山区中小学教育发展做出了积极的贡献。

（二）紧扣需求突出差异，发挥资源最大效用

习近平总书记明确要求，要打造一支强大的乡村振兴人才队伍，在乡村形成人才、土地、资金、产业汇聚的良性循环。①其中，教育是培养人才、实现乡村振兴良性循环的重要途径，而教育的投入大、周期长、见效慢，相应的教育帮扶也面临手段的有效性问题。值得一提的是，华南理工大学在开展教育扶贫中讲求策略方法，追求资源的实际效果最大化，基于不同类别学校差异化的性质与实际需求给予了异质化的帮扶，实现了帮扶资源的有效供给。

前期调研规划与实施精准扶持策略是华南理工大学教育扶智举措的两个亮点。基于充分的前期调研以及对帮扶效果预期的通盘考虑，华南理工大学将定点帮扶地区划分为不同的帮扶单元，进而依照不同单元，对帮扶资源的

①人民网–人民日报海外版.习近平讲故事：实施乡村振兴战略是一篇大文章［EB/OL］.（2020-09-17）［2020-09-21］.http://jhsjk.people.cn/article/31864812.

需求差异以及资源的利用效益设计了一套特定的帮扶方案。其中，帮扶策略随对象的不同，呈现出异质化的资源类型与数量配置特征：一方面，注重使定点帮扶地区的教育资源利用形成梯次，向具有代表性和引领性作用的学校进行高端技术设备和教学技术培训机会的倾斜，激发县区龙头学校的内生发展动力，发挥其标杆示范和带动效应；另一方面，对基层镇村学校实施物质倾斜策略，兜底保障并稳步提升其基础教学功能。这些帮扶资源的分配旨在使帮扶资源和举措尽量作用在“刀刃上”，实现教育扶贫资源的精准滴灌，从而尽可能发挥最大效用。

1. 优质资源侧重龙头学校，培育强校标杆示范效应

在教育扶贫这一投入大、周期长、见效慢的资源投入领域，应该注重教育扶持资源的精准滴灌，使每一份教育资源都能发挥最大化效用。因此，教育扶贫不能一味扶弱，而应该结合被扶持对象的实际需求合理分配资源，用高层次的资源扶持所谓的“风向标”，发挥其引领作用，以及树立标杆和引发潮流。为此，华南理工大学在分配高端教育资源诸如教学直播设备和来校培训名额时，有意在普惠性基础上，注重将对口帮扶地区的龙头学校纳入其中。教育信息化手段是为缩小教育教学资源差距和促进教育公平而开发的远程互动教学解决方案，可以增强课堂的趣味性和活跃性，吸引学生主动学习。在与云县教育系统充分商讨后，华南理工大学将所捐赠的教育物资中的教学网络直播设施分配给云县爱华完全小学，使其发挥最大价值，即以云县最一流的学校为基站，将华南理工大学附属实验学校的先进教学经验辐射至全县其他学校。

基于同样的逻辑，在组织云县教师来粤培训的过程中，华南理工大学在将有限的培训和交流名额进行统筹兼顾分配的同时，向诸如爱华完全小学、云县民族中学和县一中等学校倾斜，强调名校名师的示范带头作用。通过将具有示范性意义的优质教育资源引入定点帮扶地区的一流学校，确保培训效果最大化，即对能够代表云县最高教学水平的教师队伍进行培训，帮助这些一流的教师尽可能多和快速地学习先进的教育理念，然后向云县其他学校和教师开展“再培训”，从而在整体上更加有效且高质地传递先进的教学技能与经验。总而言之，华南理工大学在定点帮扶地区的教学资源投入中，通过培育标杆、以点带面，而非“摊大饼撒胡椒面”式的平均化资源输入方法，发挥了显著的带动作用。

2. 基础资源向村镇学校倾斜，构筑农村教育托底保障

依照前面所述的教育资源性质和层次的理论探讨，华南理工大学在对口帮扶过程中始终注重探索物质资源投入的科学策略，从而保障资源投入效能的最大化。遵循这一逻辑，华南理工大学开展了充分的前期调研，了解到智力帮扶地区基层村镇小学普遍存在物质性教学资源短缺的问题，仍处于“着力改善硬件设施”的需求阶段。对此，华南理工大学在教育帮扶过程中更多地将基础性的物质资源向定点帮扶地区的村镇小学倾斜，解决这些位置偏远、资金缺乏、信息闭塞的学校对改善教学条件的迫切需求，从无到有地培养他们的现代化教学能力。

总体上，以“一件校服”为起点，华南理工大学紧扣村镇小学的基础性教学物资需求，陆续向邦别完全小学、小忙兔村小学、孔美/周美小学捐赠了教学一体机设备、爱心浴室、计算机教室，并开展了图书、学习用品、奖助学金的常规捐赠活动，保证贫困地区村镇学校学子在基础教学物质上“不愁穿、不愁用”。目前，这些对口帮扶村镇小学的新校舍和新食堂，甚至是配套幼儿园的建设计划已陆续启动，华南理工大学正逐步提升对这些村镇小学基础性教育物资的援助层次，不断满足其在发展中的基本物质诉求，促进其向现代化教育不断靠近。

三、组织互动性师生交流活动

除物质资源的有序性、差异化投入之外，以各类教师与学生交流培训活动为主的非物质性的教育资源支持，构成了华南理工大学的又一主要教育扶智举措。通过定期双向的交流和培训，华南理工大学积极引导定点帮扶地区的中小学、幼儿园教学向广州等发达地区靠拢，同时帮助贫困地区师生扩展知识面、开阔视野，引导其接受先进的教育和学习、生活理念，进而将之内化为自身的前进动力。

（一）开展教师培训交流，助力教学管理升级

根据华南理工大学附属实验学校结对帮扶云县民族中学、云县爱华完全小学、云县大寨镇邦别完全小学以及惠来县孔美小学/周美小学等学校的协议，华南理工大学与孔美村、云县教育系统协调，组织了数轮教师培训与师生交流活动。目前，已形成云县教育系统成员定期来粤交流培训机制。在华南理工大学的大力支持下，2018年11月19日至11月23日，根据华南理工大学附属实验学校结对帮扶云县民族中学、云县爱华完全小学、云县大寨镇邦别

完全小学3所学校的协议，华南理工大学又对云县教育局干部带队的相关学校教师共9人进行培训；2019年4月13日至4月26日，继续对云县民族中学、云县爱华完全小学、云县大寨镇2个批次共51名教师进行了相关培训。

在数轮跟岗培训过程中，华南理工大学附属实验学校组织云县参培教师走进不同科目的教学课堂，观摩学校开展的青年教师说课比赛以及智慧课堂展示课，参加本校升旗仪式和第四届中英双语书香节的开幕式，并安排了学生诵读表演等文艺活动，使云县参加跟岗培训的教师能够近距离、全方位地接触华南理工大学附属实验学校的教学过程，感受华南理工的校园文化。此外，华南理工大学还安排云县参培教师观看华康小学的“梦想门”“童心飞扬”“中流砥柱”“光芒广场”“志存高远”“书跃台”“向阳壁”等校园文化建设节目，给云县教师留下了深刻的印象。这些教师交流培训活动，让华南理工大学定点帮扶地区学校的教师学习到了华南理工大学附属实验学校“人文氛围浓郁，智慧课堂闪耀”的先进教学方法和办学理念，为今后教学实践的改进奠定了理论基础，让云县参培学习团队在教育管理新思路和教学管理新理念等方面获得了新的认识，有效促进了教育扶智目标的实现。

根据心理学理论，人一旦借由外力或者外部环境开启“自我指涉”式的“二阶观察”，就能够形成自己与一定规范标准（一般指外部参照物的状态）的差距感知，此时，在个体心中的一次理念冲击便形成了。这种差距感和冲击感是促进个体产生规范压力心理并采取行为的前因，也可以为个人在后期采取行动改进其行为和发展策略奠定基础——在与华南理工大学附属学校校领导、师生充分交流的过程中，云县来粤教师明晰了自身教学内容、形式的发展定位和优劣势，同时在培训复盘中寻找差距、构想教学改进方向。这便是华南理工大学组织该类培训的意义所在。

总体上，华南理工大学针对对口帮扶学校所开展的教师培训活动取得了较好的成效。其效果并不仅限于提高对口帮扶学校教师的教学技能，还包括开阔了他们的视野，并强化了他们自求进步的信念。华南理工大学对贫困地区学校教师的教育帮扶不仅是帮扶教学之技，更重要的是帮扶教师之志，而后者是教师培训举措发挥长效机制的重要基础。

回响·乡土音声

在一周的时间里，我（在华南理工大学附属实验学校）总共听了10节课，参与了一次教研活动（青年教师说课比赛）……在学习期间，我看到了老师们在百忙之中仍坚持精心备课，并且老师们的教学风格、教学模式、教学策略是多样的，目标都是围绕课堂教学的高效开展……

……而且，学校里每个老师都有自己独特的教学风格和教育思想，新的教育理论、新的教育方法、新的教学手段、新的教师观、新的学生观、新的课程观，使我在听了他们的课后，心里感到特别惭愧，因为我跟他们的差距太大了。

（我们）对平时的教学没有进行深入的思考和研究，对先进的教育、教学理念学习不够。此时，我深刻明白，这不能成为我们停滞不前的借口，反思总结，才能让我紧跟时代的步伐，教学能力才能逐步提高。

——云县民族中学教师黄光芹

每天学习结束……（学习组都开展）总结反思。大家畅所欲言，有的说收获，有的谈启发，有的作对比，有的找差距……人人有启迪，个个有收获，我们在交流中快乐着，幸福着，成长着……我们认真听，用心悟，静心思，启迪深深，收获满满。路漫漫其修远兮，吾将上下而求索。此次外出跟岗学习虽然时间有限，但我们学习、实践、反思的脚步永远不会停，我们将不忘育人的初心，把所学知识、技能创造性地运用到育人实践中。

——云县爱华完全小学教师张瑜和周燕

（二）开展学生交流活动，开阔学子人生视野

除了定期开展教育帮扶地区的教师培训和双方实地交流外，华南理工大学还积极组织定点帮扶地区的在校贫困学生来穗交流、体验，帮助他们开阔视野、树立切断贫困代际传递的信心。该方面举措在华南理工大学派驻孔美村第一书记苏秋斌组织的“孔美少年志，华工帮扶情”冬令营活动中体现得尤为充分。

作为一名从高校出来的驻村干部，华南理工大学驻孔美村第一书记苏秋斌一直在努力尝试通过提升当地教育水平，帮助村里实现稳定脱贫。2020年1月13—15日，华南理工大学邀请孔美村43位贫困生和名列前茅的学生到华南理工大学参加首届“孔美少年志，华工帮扶情”冬令营活动（图4-9），活动期间的交通、保险、住宿费用均由华南理工大学负责。通过组织43名学生在广州参观学习3天2晚，帮助孔美村学生开阔眼界，让他们亲身感受一线城市和高等学府的魅力。参与的学生对这次冬令营活动感触很深，其中12岁的小佳（化名）因父亲涉毒入狱服刑，自幼随爷爷奶奶长大，首次省城之行，让她印象深刻：“说实话，之前我有些自卑，有点一无是处的感觉，但行程中陪着我的志愿者姐姐一直鼓励我，给了我很多信心，这坚定了我要好好读书，争取考上华南理工大学的决心。”从广州回来后，老师和同学对这位小姑娘有了新印象：爱笑了，上课也更积极主动举手回答问题了。

图4-9 华南理工大学“孔美少年志，华工帮扶情”冬令营活动

图4-10　云县学子参加2018年青少年高校科学营华南理工大学分营活动

华南理工大学组织的中小学生交流活动并不仅仅局限于孔美村。如2018年暑期，华南理工大学协调云县教育系统组织17名师生前往广州，参加2018年青少年高校科学营华南理工大学分营活动（图4-10），相关的活动还将在2020年和今后的教育扶智过程中定期举办。总体上，学生交流活动构筑起的是贫困地区学子了解发达地区学校与社会的一座桥梁，能够进一步强化贫困学生的脱贫意志，并激发贫困学生实现自我发展的内生动力。

感悟·挂职干部说

教育扶贫应该说是我们学校的一个重点，村子的未来在孩子身上，把孩子教育好，是切断贫困代际传递最好的扶贫措施。

——驻孔美村第一书记苏秋斌

云县李太睿之华工情缘

七年来，华南理工大学在云南省云县和广东省惠来县孔美村开展的一系列师生交流活动构筑起一道道连接华南理工大学和帮扶地区的桥梁。七年时光流转，熔铸了华工帮扶真情的智力帮扶如同春风一般温暖了贫困地区广大群众的心；如春雨般润物细无声地融入了大山孩子的灵魂，成为参加过华南理工大学夏令营学生的精神激励器，使广大贫困地区学子心中形成了对华南理工大学深厚的认同感，建立起与这所学校千丝万缕的联系。

春风化雨，秋实已成。华南理工大学的智力扶贫实践正在帮助贫困地区的学子走出大山，拥抱更美好的明天。从大山中走出的云县学子李太睿就是其中的一个典型。李太睿来自云南省临沧市云县，他与华南理工大学情缘的启幕可以追溯到13岁那年华工在脱贫攻坚战中与他家乡所在小城云县的挂钩。

回响·乡土音声

13岁那年华南理工大学的师兄师姐们来到我们学校，开展首次暑期夏令营活动。在那里，距离高考尚远的我第一次听说华南理工大学的名字，第一次在教室里听到华工的校歌，知道她坐落在祖国改革开放的前沿阵地——广东广州。夏令营里的四书五经、荧光涂鸦、输掉的篮球比赛、短暂而可贵的相逢、殷殷期许、句句真情……点亮了我心头的微光。

——云县学子、华南理工大学软件学院2020级软件工程专业本科生李太睿

自此，华南理工大学成为李太睿同学心中理想的学习殿堂：来自云县大山中的少年李太睿立志将来要考上华南理工大学，一定要亲身去感受这所知名学府的真实气质。但成功的道路往往充满着曲折，命运和李太睿同学开了一个小小的玩笑，第一年高考，李太睿以24分之差与梦想之地华南理工大学失之交臂。好在李太睿同学未有一丝气馁——他并没有放下心中那份执念。坚韧的李太睿同学顶住来自身边人的压力，毅然决定复读一年，第二次高考再战华工！念念不忘，必有回响，这一次他成功了——2020年8月，李太睿以优异的成绩被华南理工大学软件学院录取为2020级软件工程专业本科生，在9月走出大山，来到春风未央、绿草如茵的华园，正式成为一名真正的华工人。

回响·乡土音声

一次数年前难忘的支教、一次失败的高考经历，都给予了我前进的动力，坚定了我知识改变命运的信念，赐予了我暂获成功的喜悦，让我更加懂得在人生中，没有理由拒绝挫折，但是有力量转化挫折，把它当做求学路上的百步梯，一步一个脚印往上攀登，活成我们想要的样子！真心感谢千里之外的华工和华工人，为我早早地打开了一扇希望的窗，点亮了我奋进的人生轨迹。

——云县学子、华南理工大学软件学院2020级软件工程专业本科生李太睿

凡有所念，皆有回响。李太睿的故事告诉我们，智力扶贫工作是改变地区贫苦面貌的有效武器，也为个人改变命运提供了历史性机遇。总而言之，七年以来，华南理工大学的智力帮扶实践为贫困地区培育了大量治理人才与建设专才，也正在助力越来越多的有志青年走出大山，走出边陲，走向更广阔的天地，去创造自身的光彩人生。

四、输送短缺性志愿支教人才

由于经济发展水平低、地方收入水平不高、缺乏发展前景以及交通不便等多方面因素的共同作用，大多数贫困地区的教育事业都面临师资力量不足的严峻挑战。在华南理工大学对口帮扶的滇西集中连片贫困地区和广东省揭阳市惠来县孔美村，教师资源短缺同样是一个突出的问题。其中，云南省云县更是因为地处偏远的欠发达地区，使得教学资源普遍不足，教师教学理念相对落后。其中，一个集中体现是当地英语师资力量严重不足，在2016年，整个临沧区的小学英语生师比大概是2500：1，而云县英语开课率更是只有6%左右。对此，华南理工大学开展的短期教师培训与交流以及物质资源帮扶并不足以在短时间内改善上述问题，而通过开展各类支教志愿活动，如引入华南理工大学“西部计划”志愿者力量补齐当地师资力量，尤其是英语教师数量的短板，就成为一项必要的对口教育帮扶举措（图4-11）。

遵循上述思路，华南理工大学尝试进行直接的教育人才输送，短期内填

图4-11　华南理工大学“西部计划”志愿者爱心公益助教活动留影

补教师缺口，确保基础教育的覆盖面，有效提升贫困地区教学水平。2019年11月20日上午，在华南理工大学附属实验学校负责人的带领下，附属实验学校陈如深、陈燕、安扬、陆勇坚、肖倩雯、熊淑芳、何蓉、李丹虹等8人从广州出发，赶到云县开展了为期5天的支教活动。在华南理工大学与云县教育部门的统一协调下，支教教师一行分别前往华南理工大学对口帮扶的大寨镇邦别完全小学、团结完全小学、云县爱华完全小学和云县民族中学开展义务支教活动（图4-12）。

相关的支教活动还有很多，例如在对口帮扶滇西应用技术大学的过程中，华南理工大学九三学社成员谢笑珍教授在普洱茶学院开展了华南理工大学“育教传智的第一课”——高等教育心理学讲座，结合普洱茶学院的办学

图4-12　华南理工大学附属实验学校教师赴云县开展支教活动

资料来源：华南理工大学定点扶贫工作内部资料。

定位，围绕教师职业发展的阶段特征和教师职业规划的制定依据，声情并茂地讲解了如何进行教师的职业生涯规划。讲座不仅为普洱茶学院教师搭建起职业发展的理论架构，而且带给他们先进的教育思想和教育理念，增强了教师们自我发展的信心和决心。为了提高普洱茶学院教师的教学水平和教学技巧，历次支教团队的老师还为普洱茶学院全体教师进行了课程的示范教学。例如，在2018年7月19日的支教活动中，高群玉教授以食品专业主干课“变性淀粉”中的“淀粉的结构与性质”为例进行了讲授；陈谷教授的全英文示范课则将戏剧融入教学活动中，将“生物化学”课程中较为艰深的三羧酸循环理论，以戏剧化的表演方式直观地呈现给当地师生；付时雨教授以资源专业主干课程“植物生物质资源概论”中的绪论为例，结合滇西特色植物生物质资源及其利用现状，详尽地阐明了生物质的概念以及国内外生物质利用的现状；谌凡更教授则从科研论文写作的角度，给当地师生上了一堂别开生面的科技论文写作课。付时雨、陈谷、谌凡更等教授也同时被普洱茶学院聘请为相关专业建设指导委员会委员。由此，滇西应用技术大学普洱茶学院的华南理工大学教育和技术顾问团队得到进一步壮大，进一步强化了华南理工大学与滇西应用技术大学的紧密联系。

这些活动开阔了贫困地区教师的教学技术发展思路与教学理论视野，帮助贫困地区学校领导和教师提升了教学管理能力、教研管理能力及业务能力等。在支教过程中，参与支教的华南理工大学附属实验学校的教师们纷纷表示，行走在祖国边疆的路上，才是教育生命中最壮丽的时刻：“我们做的事情虽小，但通过精神的传承，让更多人来到这个地方为祖国边疆服务，为教育扶贫服务，也算是一种贡献”。支教活动激发出华南理工大学教师的宏大历史使命感和责任感，意义不仅停留在短期输出性的教育扶智上，也为反向激励华南理工大学教师参与智力扶贫的积极性，从而进一步为长期的教育扶智积蓄了能量。

总体而言，华南理工大学重点围绕多层次教育扶贫格局，通过物质性资源投入、教师参观与培训、学生交流活动以及支教人才输入等多维度的软、硬资源帮扶举措，全面覆盖智力帮扶地区的学校教育领域，为定点帮扶地区的学校教育提质增效打造了一套行之有效的“学校文教扶贫体系”。华南理工大学主要对口帮扶学校教育扶持举措如表4−2所示。

表4-2　2016—2019年华南理工大学主要对口帮扶学校教育扶持举措一览

重点帮扶举措	对口帮扶学校					
	云县草皮街幼儿园	云县爱华完全小学	云县小忙兔村小学	云县邦别完全小学	云县民族中学	惠来县孔美小学/周美小学
校园基础设施建设	暂无	暂无	新建校舍（新教学楼+食堂）；华云计算机教室	新建校舍（新教学楼+幼儿园+食堂）；修缮围墙；校内浴室；华云计算机教室	暂无	校舍修缮和校园硬底化工程；新校舍设计
教师参观培训交流	华南理工大学附属幼儿园专家赴云县指导	组织教师来穗交流学习；华南理工大学附属实验学校教师赴云县交流培训	组织教师来穗交流学习	组织教师来穗学习；华南理工大学附属实验学校教师赴云县交流培训	组织教师来穗学习；华南理工大学附属实验学校教师赴云县交流培训	暂无
学生交流	暂无	暂无	暂无	暂无	暂无	“孔美少年志 华工帮扶情”冬令营
教学设备援助	暂无	教学一体机；网络教育直播系统；远程教育接收系统	电脑捐赠；校服捐赠；图书捐赠	教学一体机；校服捐赠；图书捐赠	教学一体机	校服捐赠；书包捐赠
支教、志愿人才输入*	教师支教	教师支教	教师支教	教师支教；志愿者项目	教师支教	教师支教；大学生志愿者1对1结对辅导
奖学助学资金投入	暂无	暂无	唯品会助学公益项目覆盖	华南理工大学附属实验学校教师个人捐助，唯品会助学公益项目覆盖	暂无	华南理工大学教工资金认助；发动企业设立“奖教奖学金”

*此处的人才输入包含华南理工大学派出支教教师、大学生支教教师、大学生志愿者以及华南理工大学派驻扶贫干部介绍引进当地学校的各类教师。

资料来源：表格内容来源于华南理工大学定点扶贫内部资料，表格为本书编者自制。

第三节　企业助推：请进来、走出去的专业助智

专业技术资源是高校参与扶贫的一大相对优势，向贫困地区输出发展所需的技术也是智力扶贫的题中应有之义。依托专业研究与教学优势，华南理工大学组织相关院系对接定点帮扶片区的相关生产经营企业，通过开展线上技术技能培训、实地技术帮扶指导，以及组织贫困地区的企业家赴发达地区先进企业参观学习等“请进来”和“走出去”结合的扶助方式，为定点帮扶地区的企业发展提供智力支持，实现“扶智”与“扶产”目标的有效衔接，将教育扶贫举措真正延伸至可直接促进贫困地区经济产出的领域。

一、请进来：邀专家把脉献策

习近平总书记多次强调，人穷志不能短，扶贫先要扶志。以习近平总书记的讲话为根本遵循，华南理工大学在智力扶贫实践中，坚持把扶贫与扶志有机地结合起来，促进当地企业转变发展观念、提升生产技术，不断夯实内生动力与发展实力。

高校在对贫困地区的企业帮扶方面具有天生的优势，可以利用优势学科、一流专业以及重点实验室等科技优势，与贫困县龙头企业开展合作，联合攻关影响贫困地区企业发展的关键共性技术难题。同时，高校也可组织科研人员深入贫困地区，举办专题讲座、提供技术服务及其他社会服务，协助当地推动传统产业升级，提升产品附加值，并与贫困地区建立科技成果转化的对口合作长效机制，引导科技创新成果优先在贫困地区转化应用。

在对定点帮扶地区的企业开展智力扶贫过程中，华南理工大学选择了“请进来”与“走出去”相济的双向并行道路。其中，“请进来”主要是指邀请资深专家到定点帮扶地区调研考察和开展专题讲座，为帮扶地区的企业发展把脉献策和筹变谋新（表4-3）。华南理工大学自2015年起在云县投入300万元打造“华园云州大讲坛”品牌活动，不定期组织专家教授前往云县授课培训。其中，华南理工大学副校长党志教授、中国工程院院士何镜堂教授、新闻与传播学院品牌专家段淳林教授、中国著名企业文化与战略专家陈

春花教授等相关专家学者，先后主讲高质量专题报告12场，培训当地党员领导干部及企事业单位负责人5600余人次。仅在2019年8月，华南理工大学就邀请四位知名品牌专家学者为云县当地50余名基层干部和100多名企业人员进行了培训。

表4-3 专家把脉的云县贫困原因分析

主要原因	具体表现
自然环境致贫	现有贫困人口主要分布在生存环境差、社会发展滞后的山区或半山区，贫困面大、贫困程度深，自然灾害频繁发生，因灾因病返贫现象比较严重
基础薄弱致贫	交通落后、基础设施薄弱，严重阻碍云县产业资源开发利用，成为云县经济发展的极大障碍
人才匮乏致贫	群众文化素质普遍偏低，自我积累、自我发展能力弱，整体贫困问题比较突出
技术落后致贫	信息化发展落后、高端科技匮乏、现代化教育手段欠缺等因素直接导致了云县发展动力缺失，可持续发展后劲不足

资料来源：华南理工大学精准扶贫精准脱贫典型项目内部汇报材料。

2018年12月4日，云县举办了一次较为特殊的华园云州大讲坛——“新材料运用专题讲座”。讲座邀请到中新国际联合研究院院长、华南理工大学教授余龙为云县干部职工带来新材料运用的新知识、新思路。余龙教授讲解了农副产品用在工业制造的包装、分类、晒干、腌制、发酵等方面的可行性，用淀粉做包装、做医用胶囊、做薄膜等发泡材料，用坚果壳做清洗剂，用甘蔗渣做朗姆酒、尿不湿，保湿、保水缓释化肥等日用品和农资用品，打开了云县企业领导职工利用农副产品进行环保深加工的思路，拓宽了深入实施乡村振兴战略的视野。

此外，在对口帮扶滇西应用技术大学的过程中，华南理工大学在2017—2019年间由刘琪瑾、麦均洪等校领导率领党外专家考察组和专家调研组，组织了四次较大规模的赴滇西应用技术大学调研考察活动，为滇西应用技术大学普洱茶学院建设和发展建言献策。同时，携广东省农科院茶学专家以及华南理工大学轻工与食品学院专家教授赴普洱茶学院，通过深入校企合作基地、企业古茶园调研等，与相关校企负责人、技术人员座谈交流，为普洱茶学院今后的特色科研方向和学科建设进行了规划。

在“请进来”的过程中，华南理工大学还十分注重通过智力帮扶，助力贫困地区的现代产业技术发展。华南理工大学食品科学与工程学院曾新安教授在云县茅粮集团设立专家工作站，帮助研发木瓜醋饮料，为云县利用自然资源发展产业提供基础的技术支持。同时，针对云县重要酿酒产业、农副产品加工等需求，华南理工大学食品科学与工程学院党委书记谭志伟一行10人曾专程赴云县调研并开展对接帮扶工作，先后到幸福镇石佛山咖啡和核桃基地、凌丰咖啡幸福加工厂、云县幸福镇罗强核桃专业合作社以及幸福镇海东村、忙峨村咖啡基地调研，听取当地企业负责人介绍并与其商讨落实下一轮帮扶合作的规划，为各企业发展持续提供智力支持。

此外，华南理工大学还组织相关专家教授创设“华南理工大学-国汉古茶资源及文化传播联合研究中心”，对云县丰富的古茶资源进行研发，从古茶文化入手来打造并提升云茶品牌价值。这些举措，一方面帮助企业突破技术瓶颈，加速实现产品转型升级；另一方面，促进企业培养创新能力，保证企业甚至行业的长效发展。如针对当地特色农产品白花木瓜，学校指导云县茅粮集团创造性地以“公司+基地+农户”的模式在临沧市内建设种植面积达30万亩的木瓜基地，并由曾新安教授团队提供核心技术指导、技术人员培训、实验室设备等支持。目前开展的“白花木瓜资源开发基础研究”和“木瓜醋及膳食纤维饮料开发”两个项目，对该集团司岗里果酒系列的贡献已达9000多万元。

综上，华南理工大学“请进来”的专业助智机制发挥了牵线搭桥的作用，为帮扶地区的企业发展引入了新的资源。贫困地区尽管自然条件差、基础设施落后、发展水平较低，但不乏独特的有利条件和发展潜力。华南理工大学通过发挥人才、技术、智库等资源优势，组织专家学者开设品牌讲座、在线课堂等常态化培训项目，将先进的技术和经验“请进来”，为智力帮扶地区企业发展提供生产经营所需的技术支持以及咨询服务，有力提高了当地企业管理人员、致富带头人以及技术人员等的综合素质，帮助他们掌握了新思想、新理念、新知识和新技术，为贫困地区的稳定和经济社会发展提供了驱动力。

二、走出去：赴外地参观培训

“走出去”是指组织定点帮扶地区的企业管理人员赴外地参加学习与培训，从而帮助帮扶地区的企业家开阔视野、更新理念和提升技能（图4-13）。在开展充分的前期调研后，华南理工大学多次组织定点帮扶地区的

图4-13 华南理工大学组织帮扶地区企业家赴外地参加学习与培训

企业管理人员赴粤、京等地，进行富有针对性、契合定点帮扶地区企业家需求的调研、学习与培训。例如，邀请云县知名茶叶企业赴粤考察茶叶电商销售平台——“茶的故事”及芳村茶叶市场，洽谈合作；组织云县27名龙头企业负责人赴京参加“强化科技支撑 助力乡村振兴”专题培训班等。同时，华南理工大学注重组织有发展潜力的企业家赴全国知名企业现场交流培训，为云县企业家分期举办培训及现场教学。例如，通过举办“帮扶贫困地区农特产品展销会”，展示销售云县农特产品，并开展云县农特产品技术、销售对接会；通过组织云县企业家到茶叶电商销售平台现场教学，打消他们对电商销售的顾虑，直接推动他们与电商销售平台的合作对接等。

总体而言，自智力扶贫工作开展以来，华南理工大学积极整合资源、放眼全国，通过“走出去”机制，在清华大学、广东省委党校、广东省社科院等单位遴选相关领域顶级专家学者，积极组织贫困帮扶地区的企业管理人员前往参加短期培训与学习，从生产经营“硬件技术”和经营管理“软件技能”等方面，为帮扶地区的企业发展和产业升级提供了坚实的智力支持。

第四节　社会教育：由外而内的文化养智

贫穷来源于愚昧，而愚昧与无知紧密相连。无数现实经验表明，人的脱贫意愿低下、动力不足、对自身发展缺乏信心，以及安于现状的生活方式、一成不变的思维模式和顽固不化的观念意识，都是贫困的主要原因。[①]正所谓“扶贫先扶志”，如何以智力帮扶为切入点，培育帮扶地区群众的内生“脱贫动力”，使其树立正确的脱贫价值观和信心并帮助他们掌握正确的脱贫方法，是扶贫过程中的一项重点任务。

对此，在8年间跨越数地的扶贫实践中，华南理工大学逐步探索出了一种社会教育模式，即由外而内的文化养智——从外部环境建设入手，在扶志化民中激发贫困群众的脱贫内生动力。在进行文化养智的过程中，华南理工大学通过以优化扶贫片区的社会环境与自然生态为着力点，发挥外部环境和居民内在心理的相互影响作用，以物理变化助推化学变化、以物质建设助推心理建设，在改变贫困地区的民风民志和群众精神风貌方面取得了较好的成效，为智力扶贫目标的实现发挥了辅助作用。

一、发挥党建文化的理念引领作用

在华南理工大学的社会教育机制中，发挥党建文化的理念引领作用是其重要的有机组成部分。发挥党建文化的理念引领作用是指通过党建标识项目，如设立党建宣传路牌、展板、标识等，提振贫困地区群众的精气神，从而达到激发其内在脱贫动力的目的。根据心理学和系统论、控制论等理论，差距感和反馈—控制机制是个体纠正自身失范行为的基础。精神和内在动力的缺失需要文化规范和价值劝导予以塑造和培育，党建文化建设在对贫困群众的社会教育中发挥的正是这一作用。

由于交通、信息的闭塞，深处贫困地区的人们在发展理念上与发达地区存在很大的差距。一方面，贫困地区民众由于缺乏了解外界有效信息的渠

①人民网．赵付芹：解读习近平的“教育扶贫观”［EB/OL］.（2015-04-03）［2020-07-05］. https://news.eol.cn/xueshu/202006/t20200630_1735841.shtml.

感悟·挂职干部说

首先要让当地的干部群众了解国家的一些政策，特别是教育扶贫以及产业扶贫方面的一些惠民政策，所以我们也是以多种形式进行扶贫政策的宣讲。

——挂职云县副县长李华兵

道，而丧失了很多发展机会；另一方面，由于先进理念的缺失和思维方式的滞后，又进一步导致了贫困地区民众发展理念的相对滞后，从而陷入恶性循环。对此，党建标识项目可以作为理念引领手段，发挥传播学理论中展板、标识等“带有劝服性的传播活动”的作用。同时，党的建设引领了中国文化的发展方向，党建文化具有指引性。通过向贫困地区群众传递先进的党建文化，可以在无形中使其认识到自身与国家发展步伐和社会前进方向存在的差距，帮助他们找到奋斗目标，提升其改变贫困落后面貌的信心与斗志。

在华南理工大学的具体实践中，党建文化的建设举措主要包括以下两个方面：一是通过制造党建宣传展板，展示党的最新思想和扶持政策，并组织人力向贫困地区群众进行阐述宣传，传达党组织对群众需求的关心；通过驻村扶贫干部以身示范，以良好的精神面貌和外在行为向贫困地区群众展示党员扶贫干部形象。二是通过一些标语、口号等传统文宣方式，宣扬正确的生活理念和行为规范，并以此为开端，进行优良生活习气和村社风气培育。

在云县小忙兔村，华南理工大学推动的党建文化引领工程也在如火如荼地进行。华南理工大学派驻小忙兔村的扶贫工作队通过设立乡村振兴展板与村庄发展标语牌（上镌“华南理工大学捐赠”字样）、建设党建文化长廊，将党和国家的新思想、新政策和新生活理念传播到村庄的各个角落（图4-14）。在孔美村，华南理工大学驻村扶贫工作队把进村的大路改建成党建之路，沿途布满了学习贯彻习近平总

图4-14 小忙兔村村庄发展标语牌

书记新时代中国特色社会主义思想、宣传社会主义核心价值观以及展现新农村建设成果的红色文化宣传栏。同时，在孔美村村口立了一块标有“中国传统村落孔美村”的大石头，建起了一栋通体白色、象征纯洁的便民服务中心楼。在这栋楼里除了进行村民公共事务服务工作，也开展日常的党建和党政文宣工作。一旁的湿地公园也初见雏形，村内随处可见社会主义新农村墙绘、党建文化墙、党建文化长廊（图4-15）。

图4-15　华南理工大学帮扶前后孔美村村容村貌的变化

由此可见，华南理工大学在定点扶贫工作中充分发挥党建文化的社会教育功能，间接改变了贫困群众长期与外界发展的信息不对称状态，促进了先进理念、思维和行为方式向当地群众的及时传入，促使贫困群众提升了眼界、增强了发展信心。目前，孔美村依托物理环境改造所进行的深度文化建设工程还在继续。华南理工大学经深入调研，确定了推进脱贫攻坚工作的新思路：继续发挥党建引领作用，以党建工作统领一切工作，在孔美村营造浓烈的党建文化氛围，实现从“重点涉毒村”到“红色党建村”的转变。党建文化的红色熏陶作用正在由外而内地增强智力帮扶地区村民对华南理工大学驻村工作队的信任以及其自身实现脱贫致富的信念。

印象·初见

孔美村隶属于广东省揭阳市惠来县隆江镇，位于龙江河中下游北岸，土地面积1.8平方千米，下辖孔美村和周美村两个自然村。孔美开村于元末明初，至今已逾700年。历史上的孔美村崇尚耕读传家，村里人考取举人、副贡、例监、廪生、庠生的不可胜数，有“父子举人”“七举十八秀”“中举村”等美誉。

但在20世纪90年代，孔美村却从历史上有名的“中举村”变成“涉毒村”，成为惠来县最早的制毒贩毒村庄之一。部分村民妄想一夜暴富，从外购入毒品加工或制作毒品贩卖，孔美村逐渐沦落为国内知名的“重点涉毒村”，那段时间，为加快毒品整治工作，各级政府领导频繁到村指导禁毒工作。

在毒品阴影的笼罩下，整个村子气氛低沉、压抑、灰暗，曾经的荣光不再，村民和乡贤的归属感和自豪感崩塌，对外都不愿提及自己是孔美村人。用当地禁毒办官员的话说，当年孔美村的情况，有点像近期热播的《破冰行动》中的塔寨村。

2016年4月，广东省确定华南理工大学为孔美村精准扶贫、精准脱贫帮扶责任单位。孔美村被确定为省定贫困村时，村里共有102户贫困户429位贫困人口，因毒致贫、因病致贫情况较为普遍。华南理工大学开展对口帮扶之初，孔美村正在经历雷霆扫毒，村中常年派驻多名禁毒警察，到处设置高清监控摄像头，禁毒标语随处可见，气氛压抑低沉，村民归属感、自信心崩塌，多有自暴自弃、破罐子破摔的想法。驻村工作队入户了解情况时发现，不少家庭因毒致贫、支离破碎，很多村民谈及未来都是一脸沮丧和迷茫，彼时的孔美村村民都处于失落、彷徨中。

二、以环境优化滋养民风民志

在发挥党建文化的理念引领作用之外，华南理工大学还注重优化帮扶地区的自然生态和社会环境，发挥环境对人的滋养作用，以物理变化助推化学变化、以物质建设助推心理建设，通过健康、美丽、和谐的外部环境助推当地民风民志的优化，达到从外部环境建设入手，推进贫困群众内生动力养成的“扶志化民”目的。

（一）优化人居环境，营造现代乡风

根据环境心理学和行为科学领域的环境决定论与相互作用论等相关理论，文明的生活环境能够对人的心理与行为产生显著的影响，尤其是在具备文化、价值规范色彩的人造生态环境或“文明硬件”中。[①] 在环境规划设计中嵌入整洁卫生、和谐美观的理念要素，相应的环境变化可以向人们传达积极反馈，实现人与环境相互作用之下促进彼此向美观协调的方向发展。譬如整齐的街道、房屋给人以正直宽阔的观感，可以形塑人们积极昂扬的精神面貌，触发人们形成追求洁净和健康文明的价值取向。

为此，华南理工大学在对口支援孔美村和云县小忙兔村的过程中，通过一系列形象改造工程与环境文化传递，改变了两个贫困村的落后面貌，打造了华南理工大学“移风易俗”人文环境教育的两大样板。其中，自2016年对口帮扶孔美村以来，华南理工大学针对孔美村前期禁毒工作高压环境下村庄民志氛围压抑和乡风颓靡的现实，确定了“重振村民信心—推动综合治理—建设美丽家园”的三步走帮扶战略，遵循“扶贫同扶志、扶智有机结合”的基本原则，力图通过外在环境的改变，逐步改变孔美村低迷、消沉和异化的民志以及压抑、闭塞和冷漠的乡风，进而转变村庄民众的内在精神面貌。

华南理工大学从基建项目的治理污染、修整泥路、设立路灯、美化公园以及提供公共生活设施等方面入手，优化孔美村的人居生活环境。经过数轮村庄人居环境整治，孔美村一改落后颓败的历史旧面貌。如今的孔美村已经符合“美丽乡村”的样貌：道路宽阔整齐、照明充足，陆地积水泥泞与夜间道路漆黑的现象一去不返，村口村内臭水沟现象得到显著改善，房屋村舍得到妥善修复和加固，村内居民生活更加便捷，生活环境变得整洁卫生，居民生活质量满意度得到很大提升。

更为关键的是，人居环境改善工程带动了孔美村民志乡风的改善。优化后的村容村貌对群众的视觉和理念产生了强烈的冲击，通过一种由外而内的规范性和劝导性理念传达，促进了当地民风民志的提升。在美丽的人居新环境中，越来越多的居民摒弃了过去的不良生活习惯，“禁毒”氛围也随环境的改善而没有以前那般压抑。现如今的孔美村作为“广东省卫生村”，为居民追求更高的智识水平、创造更好的生活水平提供了良好的外部环境氛围。

---

①傅显捷．文化环境建设：社会风气、公共秩序、城乡生活环境［J］．涪陵师专学报（现刊名：长江师范学院学报），1999（02）：3-5.

印象・新貌

华南理工大学驻村扶贫工作队的进驻，给孔美村带来了翻天覆地的改变。2016年4月，华南理工大学开始对口帮扶孔美村，先后两轮派调8名干部组成扶贫工作队进驻孔美村。现驻工作队共有4名队员，其中华南协同创新研究院副院长苏秋斌为驻村工作队队长兼村党总支第一书记，熟悉孔美情况的生物学院韩红操、借调驻厄瓜多尔大使馆工作7年归来的财务处张玉彪同志为驻村工作队队员，熟悉传统村落建设工作的建筑设计院工作室副主任李彬彬高级工程师为工作队设计总负责人。

如今，古老的孔美村重新焕发出勃勃生机，社会治安变好了，村口的臭水沟不臭了；景观带在建，傍晚老人可以在村口纳凉了；“光亮工程”也已实施完毕，晚上不再一片漆黑了。已完成3.6千米村道，6千米巷道的硬底化工作，第二期约1000米的村主干道硬底化正在进行平台招标；环保公厕已基本安装完毕；“雨污分流”工程也基本完成。

其实，同样的故事也发生在华南理工大学帮扶的云县小忙兔村。小忙兔村是建档立卡贫困村，全村541户有建档立卡贫困户89户355人，贫困发生率高达16.5%，新增贫困和返贫风险高。同时，村里自然资源缺乏，群众文化水平普遍较低，缺少优质劳动力，产业结构单一。与孔美村定点扶贫工作的初步战略相同，华南理工大学驻小忙兔村扶贫工作队开启智力扶贫的第一抓手也是人居环境的改善，进而实现乡风民风的滋养教育。华南理工大学在小忙兔村进行了两个阶段的基础设施建设和村居改造工程：第一个阶段的基础设施建设主要是村庄内部道路的修缮和照明设备的覆盖，第二个阶段则将基建工程延伸到了村庄主干道和通往县城的山道公路修建、小忙兔小学新校舍建设以及村庄人居生活环境改造方面。此外，华南理工大学还将村庄基础设施建设与改造工程延伸到更深更细化的村庄文化与村民生活领域。首先，华南理工大学发动学校“西部计划”志愿者为小忙兔小学设计了校徽，并采取一户一策式的设计方案，主打庭院经济和建设花园式家庭。这些配套的村庄人居环境改善举措大大提升了小忙兔村的村居风貌，营造了该村的现代化与文化气息，也切实提高了村民的生活质量，帮助他们描绘了美好生活的蓝图远景。

印象·新貌

自2017年8月至今，华南理工大学对口帮扶云县爱华镇小忙兔村，先后派出毛善超、刘卫忠两位行政干部任驻小忙兔村第一书记。两位驻村工作负责人上任伊始，都在深度调研基础上将初始的工作重心放在基础设施建设和村居环境改造上。

在两位驻村干部的持续努力下，小忙兔村从村党支部建设的强化开始，慢慢建立起党组织的凝聚力，带动村民热心参与村里的公共事务。要想富，先修路；路不通，财不通。可是村里没有钱，路就没法修。驻村干部毛善超说："没有钱，我们还有人嘛！"他带头拿出1000元，把几个小组的村民组织起来，热火朝天地干起来，两天时间就把进村的大路修得"滑溜溜"。杨家村组和山头寨组之间有条300米的泥路，一到雨天就没法走。爱心企业捐助了25吨水泥，大家出工出料，新修了这条路。

小忙兔村的面貌改善工程得到了华南理工大学全校上下的大力支持。学校书记章熙春、校长高松等领导先后到村调研指导。华南理工大学帮助小忙兔小学建设华云计算机教室，出资建设太阳能路灯点亮乡村，还依托华南理工大学学科优势，厘清产业发展思路，对口帮扶小忙兔村的引资企业——核桃加工厂正式投产，解决了核桃加工与销售难题。核桃收获季节为村里每天提供80个临时就业岗位，并给村集体带来每年6000元的收入。

（二）先期"栽好梧桐"，力图"筑巢引凤"

贫困地区的智力扶贫工程除了需要直接的理念引导外，还需要对脱贫发展前景进行清晰勾勒，以增强贫困地区民众的脱贫信心。实现后者的基础是获取充足的发展资源并明晰片区脱贫发展路径。根据区域经济学理论，资源具有规模集聚效应，同时现代工业往往需要具备一定能力与素质的劳动力。但出于对缺乏配套设施、高昂的运输成本以及员工管理、培训与监督成本等风险控制的考量，现代化工厂很难进驻整体配套设施与理念落后的村镇。正所谓"要致富，先修路"，道路交通、照明设备、设施厂房等配套基础设施代表了一个区域的招商引资硬实力。

为此，通过派驻扶贫干部的牵线搭桥及对接落实，华南理工大学充分利用建筑、设计学院等二级学院的专业优势，依托学校相关扶贫项目基金，为定点帮扶地区的村镇学校、对点帮扶行政村等进行规划设计，同时提供基建支持，极大地提升了定点帮扶地区经济和教育事业发展的硬件基础，成功将贫困村打造为县域资源的汇聚地，促使企业、教育生源等资源的持续引入或回流，实现了“筑巢引凤”的目标。贫困地区有了发展资源，意味着有了更好的发展前景和可预期的脱贫发展路径，又反作用于当地群众的心理感知与价值观念，起到良好的扶志效果。

此外，华南理工大学力图通过村庄产业相关基础设施建设营造良好的招商引资环境，并以此向当地群众描绘村庄发展图景，起到了良好的扶志作用。在刘卫忠担任华南理工大学驻云县小忙兔村第一书记期间，华南理工大学驻村工作队基于小忙兔村对接县城产业的需求向学校申请了130万元专项经费，主要用于建设和修整小忙兔村通向云县县城的主干道，村庄车辆通行能力大大提升，为小忙兔村招商引资、劳动力进城务工创造了良好条件。刘卫忠等驻村干部还积极利用专项扶贫资金为小忙兔村牵线搭桥，与云县县城企业合办核桃厂、米线厂等，这些目标任务的达成都离不开小忙兔村基础设施日渐完善所带来的“筑巢引凤”效果。如今村庄良好的基础设施让小忙兔村的百姓看到了未来的发展前景和脱贫致富的希望，也激发了他们努力奋斗和改善生活的内生动力。可以说，华南理工大学驻村工作队的一系列基础设施和环境改造建设工程从物理层面推动了小忙兔村村民心志的进步。

三、借文旅文化提振脱贫信心

人居环境改善只是序章，人文环境提升才是“文化扶志”的高阶样态。贫困地区群众脱贫的内生动力，有时可以由地区传统文化或自然资源的助力而加以激发。为此，华南理工大学依托文旅、建筑和设计等专业优势，注重发掘帮扶地区的文旅资源，在发掘帮扶地区文旅资源的过程中，实现文化养智的目标。

在孔美村，为发掘当地文旅资源，华南理工大学援建了三幢楼宇作为公共活动空间，为孔美村文化服务与活动提供了场所；注重融合传统园林和村落的“漫游”“观园”空间，规划设计了孔美村村民活动广场，以满足村民日常文化休闲需求并展示村庄形象。同时，实施了村委会办公楼区域便民服务中心建设工程和村民文化活动广场改造工程，使村委会成为集便民服务和行政办公为一体的综合服务中心，让当地的清溪祠堂成为集文化与活动为一体的文化活动中心。

此外，响应广东省委农办、省住房和城乡建设厅、团省委、省教育厅等8个部门联合开展的“我为美丽乡村绘蓝图”南粤村庄（整治）规划志愿行动，华南理工大学帮助孔美村完成村庄规划，组织建筑设计、风景园林、城乡规划等专业的教授和学生志愿者，对孔美村的古迹、古树、古风、古训等历史传统和人文地理进行全面梳理，修葺村民视为魂之所系的宗族祠堂，组织修订族谱、谱牒、宗谱，帮助和指导村里建成停工近30年的民间信仰建筑，用优良的祖训家风和传统文化浸润村民心灵，唤醒其生活信心。其中，“清溪祖祠”“辅臣公祠”被列为县级文物保护单位。同时，为了提升村居文化环境和村民人文素养，华南理工大学还组织设计学院40多名师生到孔美村绘制墙画。墙体彩绘既传承潮汕民俗文化，又宣扬社会主义先进文化，缓和了雷霆扫毒时期孔美村压抑的氛围，提升了文化宣传载体的艺术性与人本性，让孔美村焕发出新的艺术气息和时代精神，起到了深层次的民风民志滋养作用，进一步提升了村民脱贫的信心和决心。

华南理工大学对口帮扶孔美村项目已先后获得“教育部十大精准扶贫精准脱贫项目”“揭阳市精准扶贫精准脱贫示范村创建单位”等称号。孔美村成功入选第五批国家住建部“中国传统村落”、第六批“广东省卫生村”和“广东省古村落”，孔美村新农村整治创建规划获得了广东省南粤村庄（整治）规划设计大赛特等奖（全省三个，排名第一）。此外，“孔子美—创意文化村落品牌形象塑造”还获得了中国包装创意设计大赛一等奖，“孔子美”项目得到了广东省扶贫办的专题报道。2018年底，经过华南理工大学建筑设计研究院（公司）的前期设计和后期工程施工，孔美村入口处伫立起一块重约40吨的村口景观石，其上镌刻“孔美村”“中国传统村落”“广东省古村落 ”“华南理工大学捐赠”等字样。如今，孔美村村口的特色景观石已经成为孔美村的门面，使进入村内的游客能够第一时间了解孔美村厚重的历史文化以及崭新的村容风貌，在展示孔美新风和提高孔美村美誉度的同时，激发了孔美村村民的幸福感、自豪感，展示了孔美村克难制胜的新风气，为提振孔美村村民脱贫致富的内生动力留下了“永远不走的驻村工作队”。

印象·新貌

华南理工大学在孔美村开展的一系列基础设施完善和文化环境建设工作均落脚于民志民风滋养，使孔美村发生了巨大的变化：村民从“羞说来自孔美到争相介绍新孔美”：

现如今沉沦已久的孔美村迎来新生，生机勃勃，村民和乡贤归属感和荣誉感大大增强，与过去不敢讲自己是孔美村人形成鲜明反差的是，现在村里人跟别人介绍时，都不忘一脸自豪地说：“我们村是国家级的传统村落。”对此，孔美村支部书记唐财喜从村民认同感（村民归属感和荣誉感）的提升层面肯定了华南理工大学为孔美村民志乡风带来的巨大转变：“以前他们（村民）都不敢说自己是孔美人，现在都抢着说，‘我是中国传统村落孔美人’”。

第五章
长效增智：系统施治的精细化运作策略

纵观华南理工大学数年来的智力扶贫实践可知，高校参与扶贫的一个重要特征在于其帮扶资源类型的多样性和来源的广泛性。相较于其他扶贫主体，高校具备先进的思想理念、专业技术以及庞大的校友关系网络等软性资源集中与交汇的优势，因此在扶贫过程中扮演的角色更类似于一个整合了各类优质发展资源的平台。2020年是脱贫攻坚战的收官之年，防范返贫风险和实现可持续脱贫的工作目标使得长效脱贫机制的优化变得更为迫切。对此，华南理工大学探索出以点带面、闭环调适、双向续航的长效增智策略（图5-1），通过以教兴产、以产哺教等智力扶贫资源投入以及续航发展，促进定点帮扶地区的长远发展，为实现长效脱贫探索出了可行路径，为在脱贫攻坚战结束后的“后扶贫时代”整合现有扶贫格局中的资源及制度网络，不断提升智力扶贫地区的“造血”功能等积累了有益经验。

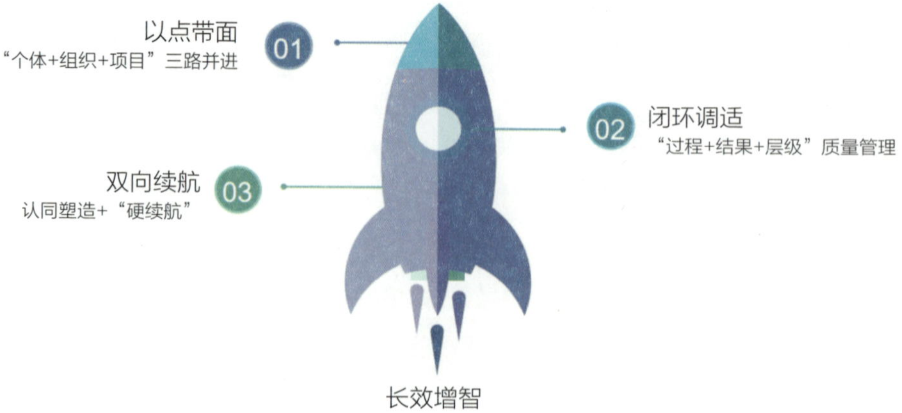

图5-1　长效增智的精细化运作策略

第一节　以点带面：三路并进的示范引领

在2017年3月12日召开的十二届全国人大五次会议新闻发布会上，教育部部长陈宝生提出了扶贫工作思路的“两个转变”：一是从单纯扶贫转向综合扶智。扶贫先扶智，通过发展教育，割断贫困代际传递。二是由大水漫灌改为精准滴灌。过去水龙头一开的漫灌时代过去了，现在要精准滴灌。

为实现上述精准扶智的目标，华南理工大学在智力扶贫实践中尤为注重帮扶策略的精准，积极寻找智力扶贫工作的有效抓手，通过扶持一系列覆盖面广、影响力大、扶贫投入效益高的个体、组织和项目，树立典范、以点带面，构建“学校平台—示范合作点（个人、组织、项目）—扶贫扩展面”的教育扶贫资源投入体系，形成精准输入智力扶贫资源的新样态，完成“从单纯的资源输送扶贫转向智力扶贫”以及“从大水漫灌到精准滴灌”的双转变。

一、个体之点：寻找有情怀、能带动的个体

在个体合作者层面，华南理工大学注重寻找那些有情怀、能够被带动的“先行者”加以重点培育，从而树立标杆、打造精品，发挥示范引领作用，带动一个组织乃至整个村、镇、县的发展。

（一）引进稀缺高层人才　优化地区教育队伍

华南理工大学自开展定点扶贫工作以来，十分注重为帮扶片区招揽高层次人才，尤其是引入高层次教育人才，其中以华南理工大学派驻云县扶贫干部张健引入云县第一完全中学的数学特级教师刘文武最为典型。

刘文武老师原是北京市第十二中学数学特级教师，长期从事高中数学一线教学工作，有丰富的数学教研经验。刘老师退休后随子女常住广州，其女婿在华南理工大学下属单位工作。在2018年通过偶然的机会，华南理工大学派驻云县挂职副县长张健与刘老师家人的同事结识，此时张健正为云县的高层次教育人才引进事宜奔波于云粤两地。在他了解到刘老师退休后仍然热心于教育事业，并且家国情怀浓厚，对祖国边疆怀有一种向往之情等情况后，

当即决定在返穗参加工作汇报的间隙与刘老师会面，并对其开展动员与协商工作。

后来的故事显示，张健的“引才计划”进展十分顺利，初次见面两人就“一拍即合”，当场确定了初步合作意向。在会面的第二日上午，张健副县长便带领刘老师直接乘坐航班赶赴云县进行实地考察。这一次考察，祖国边陲县城的风光使刘文武老师内心的光荣使命感和报国情怀格外高涨，让他感到自己还能够在云县这一“最需要他”的地方发光发热。刘文武老师抛却自身高龄和糖尿病等因素，决定留守高原，驻足云县，为祖国边疆教育事业做出贡献。

正式入驻云县一中后，刘文武老师在很短的时间内就投身于云县一中高中部数学教学和教师培训工作中，展现出极强的工作积极性与荣誉感。在这种自我激励与自我奉献精神的支持下，刘老师的工作很快获得了优良的实际效果回报：短短两年时间，在刘老师的带领下，云县一中的数学教学水平得到很大提升，突破了以往云县一中数学教育落后的局面，实现了“市高考状元从无到有”“学校生均成绩大飞跃”等巨大飞跃式发展效果。这与刘老师个人的积极性和能动性强是密不可分的。从另一个视角来看，刘文武老师在云县一中的突出贡献也从侧面印证了华南理工大学依托自身深厚的校友网络，搭建人才、物质和技术平台，发挥“资源集成”优势，助力定点帮扶地区脱贫举措的有效性。

（二）引领在地乡贤能人　共筑文化振兴前阵

华南理工大学在定点扶贫工作进程中，不但注重发挥挂职干部和引进人才的引领与示范作用，也注意到培育乡村扶智化民抓手和队伍的重要性，避免“单打独斗”，十分注重激发在地乡村精英等群体的内生力量，充分发挥他们的在地权威，促进华南理工大学各项教育扶贫举措顺利落地。在这一方面典型的合作者便是云县大寨镇箐门口完全小学校长罗恒忠。

罗恒忠校长是土生土长的大寨镇人，也是大寨镇有名的村庄精英（乡贤），他家是“教育世家”。他自小便耳濡目染村庄教育事业的兴办与管理，对生长于斯发展于斯的家乡有很深厚的感情。因此，罗恒忠对兴办本村学校、服务本地教育有着很深的执念，一直致力于家乡的文教建设工作。这也构成了华南理工大学在箐门口完全小学开展教育扶贫的合作之基。

在华南理工大学挂职云县干部的协调下，华南理工大学向大寨镇箐门口完全小学捐赠了一批教学设备和一些奖助资金，推动包括华南理工大学扶持企业在内的云县企业对口支持箐门口完全小学的教育事业发展，不断改善箐门口完全小学的教学和生活水平，帮助箐门口完全小学进一步提升教育辐射能力。据悉，张健副县长还从项目引入方面加强对箐门口完全小学的帮扶，为其引入“美丽中国”支教项目支教教师及华南理工大学志愿者等各类教育资源，力图将其打造为辐射全镇学校的教育样板——将大寨镇箐门口完全小学打造成临沧市一级的特色小学。

罗恒忠的教育扶贫之路开始于2010年。当时罗恒忠所在的大寨镇箐门口完全小学的综合成绩是全镇最后一名，而现在的排名是全镇前三。学校带动乡村发展，学生带动家庭脱贫。这样一所小学，成为乡村文化建设和产业结构调整以及资源调配的纽带。加强农村人居环境改造，推广药材等特色产业种植；促进校园周边道路硬化；组织乡村“春晚”活动；为残疾人教学岗位……总而言之，罗恒忠挖掘并培育出乡村教育春风化雨的惊人能量。2014年，罗恒忠成为2013年度719名全国模范教师中的一员，当年众多新闻标题都写着“云南一乡村校长把学校打造成了村里的文化中心、经济试验田”。

获得华南理工大学在内的诸多公共与企业机构支持和认可的罗恒忠开始了更大胆的尝试：他把家里改造成四合院，辟出空间做成读书区，村里的孩子都可以来家里看书；室外庭院为村里的芦笙文艺队提供了活动场地；村小组的开会地点也转移到了罗恒忠的家里。“（学校）这里原来的植被太少，我们就让老师和学生一起给校园做绿化，种了菊花、桂花等植物。”2016年罗恒忠校长还启动了药材种植科普园的建设，想要做得更规范些，已经有药材公司在谈合作，可以提供专业的种植指导。毫不夸张地说，罗恒忠已成为照亮乡民追求文明新风前进路上的一盏明灯：一位村小校长竟然主动将教育事业与扶贫产业进行对接和延伸，足见罗恒忠身上所具备的特殊能量场。这正是华南理工大学在定点帮扶地区开展教育扶贫工作力图寻求的优良“个体合作之点”，在后期，华南理工大学将通过挂职云县干部进一步加强对包括箐门口完全小学在内的乡村小学的教育帮扶，以多方位的教育资源帮扶，发挥罗恒忠个人乃至箐门口小学的引领示范作用，助力定点帮扶地区的基础教育发展。

二、组织之点：扶持有基础、有潜力的机构

经济学基本的假设认为资源永远是有限和稀缺的，需要决策主体做出理性的选择，促使资源利用的效益最大化。这一理论尤其适用于教育扶贫这一投入大、周期长、见效慢的资源投入领域。在智力扶贫实践中，应当注重扶持资源的精准滴灌，使每一份资源都被用到能够发挥最大化作用的地方。智力扶贫不能一味扶弱，而应该结合被扶持对象的实际情况分配合适的资源。一方面，用高层次的资源扶持所谓的“风向标”，发挥智力扶贫应该起到的高层次引领作用——需要扶助这些“风向标”树立标杆，引发学习潮流；另一方面，用一般物质性教育资源帮扶那些无力购置教学基础设备和改善校园基础设施的基层学校。总体而言，华南理工大学在教育扶贫资源的投入上一向遵循效率优先的资源分配原则，始终考量扶贫资源的“投入产出比”，而非不加区分地向帮扶地区输入“同质化”资源。

基于以上理论指引，华南理工大学在定点扶贫过程中持续细化教育帮扶策略，力图实现资源的精准投入。在分配高端教育资源诸如教学直播设备和来校培训名额时，有意考虑向对口帮扶地区的龙头学校倾斜。基于同样的逻辑，在组织云县来粤培训教师的过程中，有限的培训和交流名额也向诸如爱华完全小学、云县民族中学和县一中等学校倾斜，强调名校名师的示范带头作用，将具有示范性意义的优质教育资源引入定点帮扶地区的一流学校，尽最大可能激发一流学校的示范标杆作用，确保培训效果最大化和长效化。而教育助学基金、教学一体机、图书教材以及计算机教室等硬件教学资源则注重向乡镇和村小学等基层学校倾斜。总而言之，华南理工大学在定点帮扶地区的教学资源投入中旨在培育标杆——投资效益高而覆盖范围广的项目，而不是“摊大饼撒胡椒面”式的平均化资源输入。

华南理工大学在分配教育扶贫资源的过程中总体采用了“扶强”与“助弱”相结合的策略，即以技术性和其他物质性资源扶持区域强校以激发其地区示范效应；以物质性资源帮扶发展较弱的基层（乡村）学校以兼顾教育公平。华南理工大学分配教育扶贫资源的策略之所以呈现出这样的状态，实质上体现了对示范意义与服务规模两个指标维度的考量（图5-2）。其中，示范意义即受助学校的示范意义（能力）；服务规模即受助学校服务的学生人数以及地域范围。由于在贫困地区一般呈现出市、县学校规模大而乡镇、村学校规模较小的规律，因此服务规模在一定程度上表征了学校的贫困和落后

程度；而示范意义进一步衡量了学校利用资源的单位收益水平。

原则上，华南理工大学倾向于将基础性的教育扶贫资源投向最贫困、最落后的乡镇小学和村小，以硬件配套来提升这些学校基础信息化教学能力，实现教育公共服务“均等化”的目标。

而高阶层次的教学资源一般倾斜于示范意义（能力）强而服务规模大的学校，以期高端的教学资源和技术的使用效益在这些学校得到最大化发挥，并且能够实现此种效益的“外部性”，即通过激发龙头学校的标杆影响效应，利用龙头学校覆盖能力更强的优势，将高端教学资源和设备的效用及时传递给其他学校。

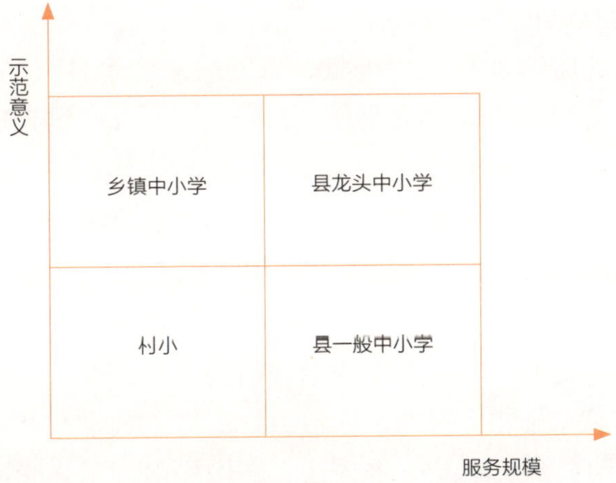

图5-2　华南理工大学教育扶贫资源受助对象分类矩阵
资料来源：本书编者自制。

三、项目之点：助推辐射广、效益高的项目

契合前文述及的华南理工大学扶贫寻找有情怀的人、能被带动的人等“个体之点”，以及寻求龙头和有潜力的学校等“组织之点”的帮扶行动逻辑，华南理工大学在具体的教育帮扶项目策划与合作等资源对接方面，也致力于寻求既有基础好（具备良好的基础条件或自然、区位禀赋）、辐射面广（惠及教育机构广、师生人数多或就业拉动与发展推动力强）、综合效益高（示范性强、教育效果好或具备多途径多结构长远脱贫致富效能）的教育扶贫合作或技术扶持项目。这类项目的甄选与合作主要体现为学校教育帮扶与

技术智力帮扶两方面。

（一）协调多方资源参与　汇聚教育发展合力

学校教育资源始终是华南理工大学教育扶贫过程中关注程度最高且供给力度最大的一类扶贫资源，在该领域，华南理工大学除了通过直接申请教育专项资金和发动校友网络等内部手段获取资源外，还大力加强与其他知名企业或国内大型公益组织的合作，通过发挥中间协调、组织对接的作用，引导华南理工大学一定点帮扶地区关系框架之外的外部教育帮扶资源源源不断地注入定点帮扶地区的教育扶贫开发事业当中。

1. 引入唯品会捐资助学与“书信伴读”项目

唯品会信息科技有限公司（VIPS），总部设于中国广东省广州市，是我国当代知名的互联网商业企业，主营业务为互联网在线销售品牌折扣商品，涵盖知名品牌服饰、鞋包、美妆、母婴、家居等各大品类。2012年3月23日，唯品会在美国纽约证券交易所（NYSE）上市。作为唯品会公益持续关注的重点领域，“扶贫助学”始终是唯品会公益慈善工作的焦点之一。自2015年以来，唯品会已经通过“唯心愿”助学项目和“大学生健康助学计划”向全国范围内超过10000名贫困学子累计捐助2200余万元，助力寒门学子实现“求学梦”。

自2018年起，在华南理工大学的牵线搭桥之下，唯品会临沧市教育项目组在云南省云县正式开展扶贫助学项目，华南理工大学在此过程中发挥了重要的平台对接作用：本次唯品会走入云县，由华南理工大学派驻云县扶贫干部张健副县长从中搭线，推动唯品会在云县教育局资助中心备案并与云县一中等学校签订合作协议。2018年至今，唯品会已在云县开展3批次扶贫助学和延伸性的贫困生心理关怀活动。

据唯品会助学活动主要合作学校——云县第一完全中学官方统计，该中学已经累计3批次共计103人次接受唯品会捐资助学资金，其中第一批次覆盖50位高中贫困生，在2019年完成扶助资金的发放，受资助的第一批次学生目前已经毕业；第二批次3人，涉及3名初中贫困生的教育扶助；第三批次在2019年10月成功对接开展，覆盖50位高中贫困生。在资助金发放标准方面，唯品会给予受助贫困生每批次每生3000元人民币的学习生活补助。据云县一中教师反馈，唯品会助学资金的受助对象以及评定标准基本是按照学生的贫困程度和学习两维度进行综合确定，并保证每次均将相关证明材料交给唯品会进行审核。

特别值得注意的是，从第三批次资助开始，唯品会还在云县开展了“书信伴读”活动，给予受助贫困生关怀。唯品会工作人员通过与学生结成书信对子的形式定期进行书信交流。这一活动完全由受助学生与唯品会员工双方完成，学校与教师不介入其中，保证学生的隐私不受侵犯。在为期数月的书信往来中，受助学生获得了来自陌生人的心灵关爱并建立起特殊的心理纽带，成为云县化解贫困生心理问题风险的一项有效举措。

2. 组织对接“美丽中国”支教项目

“美丽中国”支教项目成立于2008年，是北京立德未来助学公益基金会下设的教育非营利项目。北京立德未来助学公益基金会是2014年4月18日在北京市民政局注册的非公募基金会，也是北京市较早批次被认定为慈善组织的基金会。立德未来助学公益基金会自成立以来，在基金会中心网发布的中基透明指数中连续保持100分，成为全国透明度最高的基金会之一。2019年，北京立德未来助学公益基金会被北京市民政局评为最高等级—— 5A 级社会组织。

“美丽中国”支教项目是“以学生为中心”，以“育人，育自己”支教模式为基础的青年影响力项目。“美丽中国”支教项目通过“两年轮换制”，输送多批项目老师在帮扶地区开展为期两年的服务，为教育资源匮乏地区提供持续稳定的师资力量，为乡村学生带去扎根生活、面向未来的教育；同时，两年项目体验和专业的培训支持，项目老师经历了扎实的基层教学实践，自身也得以成长，为中国教育资源的均衡化发展积累了大批未来人才。

“美丽中国”支教项目走进美丽云县的机缘肇始于华南理工人强大的社会网络。鉴于参与帮扶之初云县小学英语开课率（尤其是在非完全小学、村小的低年段）只有6%（2017年数据）的严峻形势，华南理工大学派驻云南省云县挂职干部张健联络接洽“美丽中国”临沧项目团队进一步深化对云县各乡镇学校的帮扶，提升云县小学英语开课率。项目团队在三年的公益项目帮扶中，一方面通过培训，提升云县中小学教师的英语素养和水平，一方面派出英语支教教师深入云县的镇村小学，与华南理工大学的支教教师和志愿者一道，提升英语课在云县镇村小学的覆盖率。在云县教体局等多方共同努力下，云县区域内小学英语开课率实现飞速增长，2019年底，云县全县小学英语开课率在59%以上，预计到2020年底，云县全境内的小学英语开课率可上升到80%以上。

3. 建立扶持-合作关系：华南理工大学教育扶贫的资源整合趋向

值得关注的是，华南理工大学的教育帮扶举措在长期的实践中还呈现出“平台化”“多样化”和“合作化”的发展趋向，与定点帮扶地区的多元主体建立起资源接触点，从而使华南理工大学的智力帮扶举措得以接入更为广阔的扶贫视野（图5-3）。由此得出的基本经验认识是：教育扶贫不仅仅是单一向度与单一维度的帮扶，而且是在寻找能够最有效利用各类教育扶贫资源获得最大产出的“合作点”，是多维度的资源整合与利用过程。这些合作不一定要求对口帮扶主体与客体有着单向的绝对优势，也不设定两者间必须得有极度明确但较为单一的合作领域，这一趋势体现在华南理工大学与越来越多外部资源对接，开展多维合作项目的现实当中。

在对口帮扶云县教育系统的过程中，受制于自身基础教育办学层次和覆盖范围有限的现实，华南理工大学的教育帮扶举措更多的时候是先进办学经验、教学理念和教学活动组织等方面的优势传递；而对大规模学校管理运营以及高年段教学等方面的经验帮扶力度较小。这缘于华南理工自身基础教育办学层次仅限于幼儿园、小学和初中，服务覆盖范围较小。但这并不妨碍华南理工大学与一些超出自身基础教育办学层级和覆盖范围的学校以开展技术、资源和理念指导等形式进行深度项目合作。

图5-3 华南理工大学引入外部项目资源助力帮扶地区教育事业发展

例如，云县草皮街幼儿园、爱华镇完全小学等学校的办学规模远远大于华南理工大学附属幼儿园和附属学校，但是华南理工大学的优秀办学理念也可以与之分享交流，教学资源也可以共享促进发展。又如云县第一中学以高中教育为主要服务层次，超出了华南理工大学附属学校的办学层次，使得教学经验交流方面受到局限，但华南理工大学还是在诸如教学硬件设施捐助、捐资助学以及师生交流等方面开展了广泛的项目合作。此外，华南理工大学教育扶贫考察团通过实地调研后发现，云县民族中学自主兴办的生物科技园已具有较大规模，各类科学研究设施较为完备且已开始开展高等院校生物院系科学课题的合作研究或已具备开展研究课题的基础，但缺失诸如滇黄精药用价值以及成分提取、培育方法研究以及云南桫椤树野生群落保护相关课题内容的理论指导，就此双方初步达成新帮扶合作项目共识。

总而言之，华南理工大学未来的教育帮扶与合作的视野不仅仅局限于目前已经开展的教育扶贫工作，亦可以一系列多层次多维度之合作项目为抓手，充分引入外部合作资源，将智力扶贫事业的重点投向未来合作的联结地带：在未来的合作中，华南理工大学附属实验学校与附属幼儿园可以多吸收云县爱华完全小学和草皮街幼儿园规模办学的经验并交流校园管理经验。同时，还可以学习参考云县民族中学生物科技园的建设和组织经验，双方可以就云县民族中学生物科技园项目进行深度的专业性合作，例如华南理工大学可提供生物科研实践基地，协助当地高校与云县民族中学一道对云南地区的珍贵生物资源进行挖掘、研究和保护，从而实现智力扶贫资源的有序精准投入，满足定点帮扶地区内生性的发展需求。

（二）依托专业技术优势　盘活区域内生禀赋

高校扶贫的另一项巨大优势在于丰富的专业技术资源，这可为定点帮扶地区提供强大的直接发展动能。

例如，在云县定点扶贫进程中，随着近年来脱贫攻坚向纵深推进，华南理工大学在后续帮扶创新和帮扶效果巩固提升层面，对产业扶贫做了很多探索和尝试，一方面，寻找合作项目，协助农户成立相关企业或合作社并给予适当的资金和技术扶持，支持农民发展壮大产业规模；另一方面，充分激发群众内生动力，变“输血”式扶贫为“造血”式扶贫，并有效对接市场，让农产品最终转换为商品并产生利润。在华南理工大学全方位教育、智力、技术帮扶下，华南理工大学与云县合作企业研究开发新产品，积极开展“三品一标”（无公害农产品、绿色食品、有机农产品和农产品地理标志）创建，组织成立了云县老农哥农产品种植专业合作联社（该合作联社下辖5个种植专业合作社，拥有工商登记社员成员426户），形成“扶贫龙 头企业+合作社+基地+农户”的产业发展模式；由企业带动大户，大户带动帮扶小户及贫困户，采取大手牵小手的模式进行经营运作。

又如华南理工大学在对广东省揭阳市惠来县孔美村开展教育、技术扶贫的过程中，也十分注重将华南理工大学优势与地方禀赋相结合，在构建扶贫产业上谋突破。例如，把孔美村土质状况优良、土壤富含微量元素的自然禀赋与华南理工大学师生规模大、消费能力强的优势对接起来，着力发展优质有机水稻种植产业，成立“孔子美种植专业合作社”，引进和种植“软华优1179”等3个优质水稻品种；组织设计专业教师和学生，为稻米设计精美包装和宣传画，打造特色鲜明的“孔子美农家香米”品牌；发动教职工、家属和校友等踊跃采购，常常出现供不应求的情况，下一步将扩大种植规模；举办定点帮扶地区农特产品展销会，把村里的优质绿豆饼等引入学校，构建教育/技术扶贫与消费扶贫相结合的常态化、长效化扶贫机制。

值得关注的是，华南理工大学在孔美村的帮扶项目还兼顾了就业和技术传授。2020年上半年，华南理工大学驻孔美村工作队探索并实施了“小工匠”帮扶项目：对一些技术要求不高、工程复杂度不高的微小工程，由村中熟练工匠带领村中贫困户进行施工。一方面可快速推进这些工程，另一方面也可培养贫困户一定的技能，增加贫困户收入，减少疫情对脱贫攻坚的影响。目前，“小工匠”的做法已经被复制到揭阳市7个县（市、区），助力新农村建设，并获国家扶贫办和广东省扶贫办高度肯定，给予专题报道。

此外，华南理工大学还将推进实施光伏发电、沙地红薯种植等项目，带动贫困户如期脱贫、村集体稳定增收。据悉，这些合作项目能够对接华南理工大学建筑、生物、食品、物理、机电等多个优势学科，能够为孔美村后期内生脱贫提供智力支持。总而言之，在开展智力扶贫的进程中，最重要的是识别两方的优势面和需求面，努力实现智力扶贫干预举措的效益和效率最大化。

第二节　闭环调适：全流程的质量管理

没有一定的组织架构、责任界定以及权力配置规范，扶贫工作将出现质量监管真空地带，进而衍生“假扶贫”风险——扶贫工作陷入形式化和内卷化等低效状态；或“扶假贫”风险——扶贫资源未能落实到真正的贫困对象。为避免扶贫工作出现形式化、内卷化和虚假扶贫等问题，就需要对扶贫工作的过程和结果进行考核评价，并以考评结果的具体内容维度作为实现对扶贫目标、举措和资源配置进行闭环调适的参考。这要求扶贫工作的考核评价标准和责任归属清晰明确，使整体扶贫工作形成事前目标动态调整、事中反馈纠偏和事后复盘追责的闭环质量检查与控制系统。

一、基于责任书的过程与结果管理

2015年《中共中央 国务院关于打赢脱贫攻坚战的决定》明确了扶贫工作中县级党委和政府承担主体责任，书记和县长是第一责任人。文件对县级干部选拔任用机制提出了改进意见，要求加强干部统筹，选好配强党政领导，将扶贫绩效与干部选拔挂钩，保持扶贫队伍稳定，加强后备干部选拔并分批次开展挂职扶贫。教育部直属的75所高校也是在相似的统一指导与安排下参与到脱贫攻坚任务当中，对其间投入的资源和监督予以评估的重要性不言而喻。

考核本身不是目的，而是服务于确保扶贫工作的有效开展以及有效产出。完成扶贫任务是责任，执行不好需要组织问责和人员担责。为此，华南理工大学以定点扶贫工作责任书为依托，根据党中央、国务院关于中央单位定点扶贫单位责任书落实情况监督审核的相关要求，从组织领导、选派干部、督促指导、工作创新、工作机构等五个维度共计51项细分指标对定点扶贫工作进行年度统计与考核。责任书作为过程与结果管理工具，发挥了责任激励与监督机制的作用，在增强驻村干部对贫困群众的责任感，真正把党和政府的温暖送到困难群众的心坎上，提高政治站位、增强政治敏锐性以及对标“两不愁三保障”（农村贫困人口不愁吃、不愁穿，义务教育、基本医疗和住房安全保障），深入查摆和整改扶贫工作中存在的问题和不足等方面发挥了重要作用。

二、基于组织建设的层级责任动员

华南理工大学始终高度重视智力扶贫工作，层层压实责任、级级传导压力，围绕《中央单位定点扶贫责任书》，通过精准谋划、量化责任等方式，充分调动校内资源、衔接社会力量，确保智力扶贫工作可持续、高质量运行。譬如，华南理工大学的责任书落实保障措施，包括各年度责任书制定与落实、华南理工大学定点扶贫年度工作计划制定与落实、组织机构建设以及督查指导措施等。总体而言，华南理工大学以组织机构建设和监督指导机制作为保障扶贫效果、实现有序责任兜底的制度设计。

华南理工大学在定点教育扶贫工作中十分注重组织机构的建立与完善，以此形成职能边界清晰、责任履行有序监督的定点扶贫机制。例如，根据省委、省政府的统一部署，华南理工大学在定点帮扶孔美村的4年多时间里坚持深入学习贯彻习近平总书记关于扶贫工作的重要论述，坚决扛起定点扶贫的政治责任，始终把400公里外的乡村治理、脱贫攻坚和群众冷暖放在重要位置，充分发挥学科专业和人才资源优势，大力推动扶贫同扶志、扶智有机结合，实施“重振村民信心—推动综合治理—建设美丽家园”三步走战略，走出了一条凸显华南理工特色、注重内涵发展、激发内生动力的精准扶贫精准脱贫之路。

脱贫攻坚不是“独角戏”，并非靠几个人的努力就可以收到成效，而是“集体舞”，需要动员各方积极力量，共同发力推动，共同攻坚克难。华南理工大学坚持把定点帮扶孔美村纳入全校“一盘棋”来谋划和推进，构建了党委书记、校长亲自抓，扶贫开发领导小组牵头统筹，各部门分工合作，全校师生员工和校友共同参与的“大扶贫”格局。在学校的组织发动下，校内全部二级单位都对口帮扶一家扶贫户，广大校友主动关心支持孔美村扶贫工作。3年多来，师生校友到村开展走访慰问、专题调研、支教支农、送医送药等活动860多人次。设计学院教师为孔美村设计的“孔子美——创意文化村落品牌形象塑造”，还获得了中国包装创意设计大赛一等奖。

华南理工大学强化组织堡垒建设、层层压实责任、动员校内外优势资源的做法在定点扶贫工作实际中取得了丰硕的成果。以云县为例，在对云县进行帮扶的7年多来，学校党委高度重视，切实把思想和行动统一到中央脱贫攻坚决策部署上来，强化组织领导，精准选派干部，结合云县实际，充分发挥高校智库作用，规划统领，构建“扶贫链”造血机制，变“输血式扶贫”为“造血式扶贫”，打造“‘1+5’五位一体”全域旅游规划，将乡村振兴战略融入脱贫攻坚之中， 使云县的经济发展和教育水平有了很大提高。一是贫困人口大幅度减少。2018年，云县建档立卡贫困人口4847人，比2012年末（华工帮扶云县前）减少4.8万人，降幅达91%；同年9月，云县成为云南省史上首次、滇西首批、临沧首个摘帽贫困县，正式退出国家贫困县行列。2019年，云县贫困发生率为零。二是旅游产业逐步转型升级。在云县全域规划的指导下，十二个乡镇包装升级一批特色节庆、体育赛事等重大活动，实现节庆活动自身的品牌化提升，旅游总收入达43亿元，同比增长30%。2019年，云县特色节庆活动由1个“澜沧江啤酒狂欢节”，发展到8个。三是公共品牌建设初见成效，企业品牌意识得到有效激发。云茶品牌理念“等你千年，养你一生”被云县彝族同胞演绎成云县茶歌广泛传唱；2019年，云县精制茶价格增幅达14.77%，茶叶总产值增幅达14.9%。四是基础教育帮扶取得初步成效。通过小学英语提升计划，小学英语开课率提高到59.07%。2020年，云县中高考成绩实现了一定程度的提升，其中云县中考考生成绩560分及以上169人，同比增长252%；云县高考一本上线率5.5%，上线总人数83人，其中：理科一本上线64人，文科一本上线19人。

华南理工大学定点扶贫云县的工作亮点和成效引起社会的高度关注，2020年2月人民日报以“乡村旅游打出品牌”为题进行专题报道，《中国教育报》于2020年4月21日头版头条报道了学校定点扶贫云县的工作成效和经验做法。为了感谢华南理工大学对云县的倾心帮扶，云县彝族同胞专门谱写了一首《帮扶之爱》，以表达华南理工大学与云县在帮扶过程中结下的深厚情谊。华南理工大学帮扶云县走出了一条具有华工特色的精准扶贫之路。

第三节　双向续航：内外并举的成效延续

贫困的发生是环境外生因素与个体内生因素长期相互作用的结果。正所谓“冰冻三尺非一日之寒”，贫困的形成和消解均不可能一蹴而就。智力扶贫作为根本性的贫困消解举措，不但自带教育物质资源层面的“输血式”扶贫基础，更注重发挥隐性的理念感化效用，通过延伸到个体的心志层面，调动贫困地区干部群众脱贫致富的内生动力，铸实长久而有力的扶贫链条。为此，华南理工大学重点从两个方面塑造了智力扶贫的长效机制：一是内在层面的认同塑造，即强化定点帮扶地区干部群众对教育扶贫工作的认同感和获得感；二是外在层面的长效保障，即建立教育支持品牌、品牌推动产业以及反哺教育扶贫的闭环。

一、内在层面：构建认同塑造机制

从长效扶贫效果的目标追求出发，智力扶贫应当着眼于促进贫困地区的社会文化进步。贫困地区群众在行为与心理层面对智力扶贫工作的认同，是智力扶贫工作得以顺利开展的稳定剂和保鲜剂，构成了影响贫困地区群众接纳和建立自主脱贫意识的必要条件。因此，持续进行智力扶贫的意义内化建设十分必要。为此，华南理工大学在智力扶贫过程中，注重使用由表及里、由“物理”到“心理”的智力扶贫策略，通过一系列“组合拳”，促使智力帮扶地区的群众在意愿上认可、从行动上支持扶贫工作。

印象·初见

贫困地区缺乏内生脱贫动力的一大突出特征就是当地群众对自身发展缺乏信心，“等、靠、要”的心态普遍存在，村民缺乏在驻村工作队指导下实现脱贫致富的内生认同基础。这在孔美村体现为在定点扶贫伊始，村民对华南理工大学扶贫工作队的进驻既不理解，更不支持。

“两年前刚进驻孔美村的时候，我们从下高速直到村里，沿途所见的全是各种禁毒标语，这种浓厚的禁毒氛围给人一种非常压抑的感觉。进村后我们发现，因为前期禁毒的高压态势，当地的村民对陌生面孔比较排斥，给我们的入户调查工作增加了一定难度。”

孔美村村民之间的此类社交疏离状态以及对外来人员的警惕、排斥，给华南理工大学驻孔美村扶贫工作队开展对口帮扶工作带来了很大的挑战。因此，他们决心从认同塑造、情感治理等思想教育领域入手，转变当地村民对扶贫工作的消极参与态度。

华南理工大学驻村扶贫干部在进行认同塑造和情感治理方面进行了诸多探索。其中，加强党建引领不仅是智力扶贫的应有之义，更是克难制胜的重要法宝。华南理工大学在帮扶孔美村的工作中，始终把党建引领放在基础性和战略性位置，以建设“红色孔美”推动和促成“美丽孔美”“文化孔美”“旅游孔美”，探索出了以下五个方面的工作经验：

一是充分发挥党员干部的带头作用。结合村情社情民情，华南理工大学注重把党员干部培养成脱贫攻坚的“领头雁”和能谋善干的“当家人”，经常邀请在孔美村土生土长的村干部参加各种扶贫工作会议和活动，帮助当地干部解放思想、开阔视野，增强治理乡村和推动发展的能力。同时，通过邀请村里曾经参加过对越自卫反击战并荣立三等功的老党员，为党员讲述越战故事，加强初心使命教育，引导广大党员在村里各项建设和工作中做在前、冲在前，在各种资源和利益分配中排在后、拿在后，培育了一批党员带头人。

二是发挥红色文化的熏陶作用。华南理工大学把进孔美村的大路改造成党建之路，道路两旁布满了学习贯彻习近平新时代中国特色社会主义思想、宣传社会主义核心价值观以及展现新农村建设成果的红色文化宣传栏，村里随处可见的社会主义新农村墙绘、党建文化墙、党建文化长廊等，对村民脱贫致富的主观能动性产生了潜移默化的激励作用。

三是注重激发广大村民的内生动力。华南理工大学驻村工作队在孔美村大力开展移风易俗活动，坚决破除个别人不以贫困为耻、反以贫困为荣的现象，并通过设立“孔美村勤劳致富奖”，奖励一批想干真干的村民，树立主动谋发展、积极求作为的正确导向，感化和带动了持观望态度或缺少组织和激励的干部群众。

四是依靠驻村扶贫干部率先垂范。以驻村扶贫干部踏实肯干、勤奋务实的工作作风，以及平实亲民、热情真诚的个人品质，打动和感化当地群众，构筑干部群众间坚实的信任基础与稳定良性的互动关系，从而优化群众积极参与扶贫事务的干群关系。

五是展示美好明天的发展蓝图。华南理工大学通过发挥学科专业优势，为孔美村编制了社会主义新农村示范村整治创建规划，向村民展示乡村振兴的美好未来，让村民看到希望、萌发动力。该规划还获得了南粤村庄（整治）规划设计大赛特等奖（全省仅三个，排名第一）。在正向文化和先进理念的熏陶下，孔美村村民对脱贫工作的理解日益加深，脱贫信念以及对华南理工大学扶贫队伍的认同感日益增强，促进了智力扶贫工作的持续顺利开展。

总体而言，通过系统性的智力扶持和驻村工作队“组织堡垒式”的示范引领，华南理工大学对定点帮扶地区干部群众的认同感、支持感和获得感进行了有力塑造，真正扶起了贫困群众的“志”。这些举措所带来的当地民众内生脱贫动力的提升，大大超越了技术和工具本身所能带来的有限效果，真正做到了从感性的心理、认知层面出发，通过驻村干部的言行示范、情感联结等，提升了定点帮扶地区干部群众对智力扶贫的认同，激活了定点帮扶地区干部群众对更加美好生活的向往和信心，从而为扶贫工作结束后的自我以“智”发展提供了原动力，指明了行动方向。

印象·新貌

通过华南理工大学驻村工作队的持续理念引领，孔美村形成了一批科学明确的发展规划，确立了一系列良性生产激励制度，驻村工作队率先垂范的形象也深入当地百姓心中：华南理工大学的扶贫工作获得了干部群众的尊重和支持。

从被动接受扶贫和治理到主动参与村务协商、积极献言献策，甚至奉献于当地扶贫和乡村治理工作，孔美村当地干部群众的态度转变十分明显。现任驻孔美村第一书记苏秋斌描述了村民对驻村干部乃至扶贫工作态度的转变：

“经过这么多年的建设和工作，村民对我们的信任程度有了很大的提升，也更愿意参与到村庄公共事务的治理当中。现在入户调查以及到村内走访时，村民一看到我们就会打招呼，有的村民还会主动跑去和驻村干部商量，探讨村里还有哪些公共设施需要改善的。”

二、外在层面：打造“硬续航”机制

除了内在认同感的“软续航”，华南理工大学还为智力帮扶地区的长远发展打造了实实在在的客观“硬续航”机制。其中，“智力赋能品牌塑造—品牌推动产业发展—产业反哺教育发展”的闭环，构成了华南理工大学长效化智力扶贫工作的核心手段（图5-4）。华南理工大学通过开创“以技兴农、以商养教”的新模式，打造独具特色的品牌化教育专项“资金池”，以及采取产业发展反哺教育财政等方式，助推智力扶贫的模式升级、良性循环和长效运行，打造出了爱心茶、爱心水等“爱心系列产品”以及“华云爱心基金”等成功案例。

（一）智力赋能品牌塑造

作为以工学尤其是轻工、食品、生物和建筑科学见长的国家“双一流A类”建设高校，华南理工大学在对定点帮扶地区进行教育扶贫过程中，最重要的脱贫硬续航“杀手锏”就是优势学科的专业知识资源。依托这些“杀手锏”，华南理工大学在技术赋能的路径上，引领云县产业向品牌化、联盟化和集群化稳步发展，目前云茶、云鸡、云酒、云果和云水已经有了较为成熟的市场化发展，初步形成了“资源—产品—品牌—产业链”的自我造血机

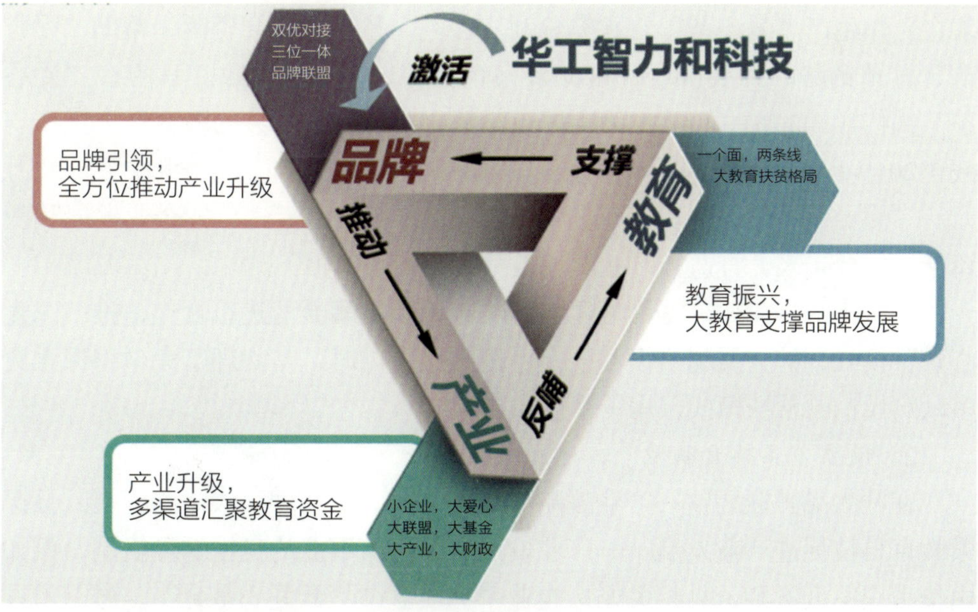

图5-4 华南理工大学教育/品牌/产业扶贫三环联动示意图

资料来源：华南理工大学精准扶贫精准脱贫典型项目内部汇报材料。

制，逐渐走向全产业链的升级，有效推动了贫困地区的经济发展，并为当地教育发展提供了多渠道和可持续的资金来源。

（二）品牌推动产业发展

华南理工大学尝试的品牌引领策略是以全方位推动云县茶、鸡、酒、果、水五大核心产业转型升级为目标，立足云县优势自然资源以及龙头企业的发展基础和现实需求，结合食品、化工、品牌传播等优势学科资源，稳步建设以品牌基础、传播媒介、品牌联盟为支撑的"全品牌平台"。该举措推进了云县相关企业树立品牌意识，并全面融入自身的发展战略。

（三）产业反哺教育发展

华南理工大学帮助智力扶贫地区打造了品牌引领—产业升级—反哺教育这一闭环造血机制，充分发挥了高校在智力扶贫中的优势和特色。通过打造品牌培育平台，发挥龙头企业的品牌培育示范效应，带动全产业升级。在立体化反哺学校、干部、企业家教育的同时，也为产业转型升级培育、吸引了更多优秀的人才。在进一步的发展方向上，华南理工大学将基于品牌联盟战略平台，扩大企业参与规模，促进帮扶地区产业全面升级，扶助其教育水平全面提升，进一步强化"品牌引领—产业升级—反哺教育"良性循环机制。

1. 小企业、大爱心："爱心系列"反哺教育

华南理工大学利用云县优质古茶资源，组织学生创新创业团队与当地茶企合作生产"爱心茶"，并充分利用校内、校友和社会资源，帮助"爱心茶"打开销路、拓展市场，帮助云县企业实现了经济增收。其中，"爱心茶"销售额的30%注入学校"扶贫专项基金"，用于云县的教育帮扶工作。截至2019年，"爱心茶"销售额已达到80多万元，累计贡献帮扶资金24万元。"爱心茶"开创了 "以研兴农、以商养教"的模式，把企业发展和教育帮扶结合起来，打造了产业反哺教育的"华工样板"。

在未来的探索中，华南理工大学将与云县更多企业进行合作，推广"爱心茶"模式，扩大反哺规模和爱心示范效应。同时，华南理工大学将探索更多以购代捐的帮扶模式，用于帮扶云县教育。

2. 设立"品牌大联盟"，建立教育基金

在壮大品牌联盟这一产业战略平台的同时，华南理工大学积极在云县探索教育科技促进产业发展——产业发展反哺教育事业的良性循环机制，例如由华南理工大学和云县相关龙头企业牵头成立"华云爱心基金"，号召云县更多企业在共享品牌引领和产业升级红利的同时，投入部分企业收益反哺云

县教育事业发展，打造了独具特色、高效廉洁的品牌化教育专项资金池。目前，华南理工大学已联合多家云县本土企业参与“华云爱心基金”的资金募集，首期即实现筹集资金120万元。

3. 大产业、大财政：产业升级“反哺”教育财政

品牌引领下的产业整体升级，有助于带动贫困地区财政收入和相应教育财政投入的整体性增长。譬如在产业增值方面，华南理工大学扶持的“云茶”品牌推广间接带动茶园建设数万亩，促进近10万农户增收。此外，华南理工大学在云县茅粮酒业曾新安专家工作站打造的拳头产品——司岗里白花木瓜酒，近三年累计为企业贡献效益上亿元；助推云县发展的“全域旅游”规划，预计帮助云县在2025年实现游客突破千万人次，综合收入逾百亿元，为反哺云县教育发展提供了日益坚实的资金保障。

总而言之，华南理工大学在其定点帮扶地区开展的造血式扶智实践，成功探索出“产业反哺教育”这一关键的造血式长效扶贫机制，充分挖掘和发挥了高校扶贫的优势和特色，通过带动全产业升级，在立体化反哺贫困地区教育发展的同时，也为产业转型升级培育和吸引了更多优秀人才。更为重要的是，在这一机制框架下的资金良性发展，有利于进一步促进智力帮扶地区教育的自我发展，为贫困地区在“后扶贫时代”与外部扶持机构“脱嵌”之后，仍然不乏内生动力和可持续发展能力提供了保障。

脱贫摘帽不是终点，而是新生活、新奋斗的起点。要针对主要矛盾的变化，理清工作思路，推动减贫战略和工作体系平稳转型，统筹纳入乡村振兴战略，建立长短结合、标本兼治的体制机制。这项工作，中央有关部门正在研究。总的要有利于激发欠发达地区和农村低收入人口发展的内生动力，有利于实施精准帮扶，促进逐步实现共同富裕。有条件的地方，也可以结合实际先做起来，为面上积累经验。

——2020年3月6日，习近平总书记在决战决胜脱贫攻坚座谈会上的讲话

下篇

启示

第六章
何以有效：智力扶贫的“I-DEA”模式

在客观描述华南理工大学智力扶贫做法的基础上，有必要进一步透过表面察其实质，挖掘其做法背后的内在逻辑，阐释华南理工大学的智力扶贫模式何以有效及其推广意义。基于智力扶贫的功能定位与时代需求，华南理工大学从党政引智、孕才育智以及长效增智三个层面出发，进行了一系列卓有成效的实践探索。从内在运行机理来看，“引智”（intelligence delivery，I-D）、“育智”（intelligence education，I-E）、“增智”（intelligence accumulation，I-A）三个模块之间并非彼此独立、自成一系的，而是相互关联、缺一不可的，它们共同构成了一个有机系统，即智力扶贫的“I-DEA”模式。其中，“党政引智”为华南理工大学智力扶贫提供驱动力，是动力之源、效能保障；“孕才育智”为华南理工大学智力扶贫提供行动支点，是基本支撑、目标抓手；“长效增智”则为华南理工大学智力扶贫提供具体路径，是科学方法论和有效策略（图6-1）。三个模块立足于华南理工大学自身优势的挖掘和利用，落脚于智力帮扶地区的客观实际与具体需求，共同助力智力帮扶工作取得了显著实效，得到了来自帮扶地区和社会各界的广泛认可。

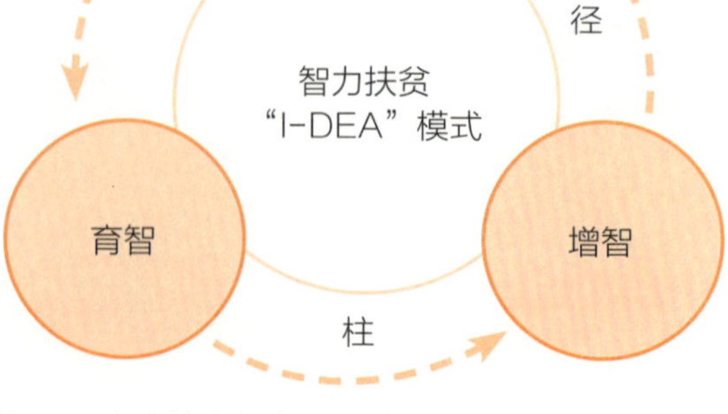

图6-1　智力扶贫的“I-DEA”模式

第一节　以党政引智（I-D）为“纲”

智力扶贫工作的顺利开展首先需要落实到具体的人才输送和有效利用上，通过单个主体的“智力”汇集，实现整体上的积极有为。在这一方面，人才资源构成了高校在帮扶脱贫中的一大优势。但人才优势不会自然而然地发挥理想功效，而是需要以有力的人才动员为依托。对此，本书第三章介绍的华南理工大学党政引智机制所发挥的正是对人才的汇聚、动员和激励作用，在“融人心”与“聚资源”两个重要维度为智力扶贫工作的有效实施打下了坚实基础。这一经验成为华南理工大学智力扶贫创新的首要启示，即需要以“党政引智”为“纲”，充分激发人才的能动性，发挥高校各领域人才的最大优势。

一、人心支柱：融真情、克阻力

党建引领、干部选派、人才引流三个层面的“党政引智”机制首先扮演的角色是融真情、克阻力的人心支柱。智力扶贫工作的核心要素是“人”[①]，而非简单的投入资金、物品或项目，“人”的参与讲求“真情投入，方见真效”。在智力扶贫的过程中，绝大多数师生难以实地接触和体验智力帮扶地区的实际情况，如何调动师生的参与积极性是高校智力扶贫工作中的一大挑战。

对此，华南理工大学“党政引智”经验的关键启示在于充分发挥了组织、示范、宣传、激励等的综合作用。首先，智力扶贫需要精准选配干部。形成帮扶机制是前提，选好用对挂职干部是关键。华南理工大学智力扶贫工作的一个有益实践是根据帮扶地区实际需求与挂职干部能力素质相匹配的原则，找准穷困的病根，然后针对“病灶”精准选配干部。

其次，智力扶贫需要自上而下的组织动员与示范引领。扶贫攻坚，不能打无准备之仗，亦不能缺少领导挂帅。华南理工大学智力扶贫工作能够持续有效地开展，得益于自上而下的领导高度重视与亲自部署。在承担扶贫任务

①阙璧君．高校在精准扶贫中的智力支持探析［J］．福建论坛（人文社会科学版），2017（07）：174-177.

之初，华南理工大学由校党委书记组织学校党委班子和专家反复研读国务院扶贫办、教育部、广东省委等印发的一系列重要文件，认真领会滇西边境山区区域发展、粤东贫困村脱贫与扶贫攻坚工作的战略部署。学校还通过多种途径了解和把握帮扶地区经济社会发展情况，多位校领导多次带领调研组深入帮扶地区实地考察和了解情况。同时，结合学校地处改革开放前沿阵地，拥有轻工技术与工程、食品科学与工程、城乡规划学、材料科学与工程、建筑学等一大批应用型优势学科的客观情况，根据扶贫点实际进行科学研判，因地制宜地找准突破口，确定了帮扶工作的指导思想、目标任务、主要内容、工作计划和工作机制，并精准把控扶贫进度和效果，针对问题及时组织研判，群策群力，保障了智力帮扶工作的顺利开展。这一高位驱动的组织动员和示范引领机制不仅适用于高校智力扶贫，也适用于其他扶贫模式。

最后，智力扶贫需要专门的宣传助推。华南理工大学在做实事的同时，通过形式多样的宣传活动动员师生积极参与扶贫工作，这对于在智力扶贫工作中减少阻力、增加合力具有重要意义。华南理工大学宣传助推机制的启发意义在于融合传统与新兴、线上与线下等多种宣传渠道，对学校在定点帮扶地区的智力帮扶工作进行了全方位、立体化的有力宣传。其中，通过学校官网和官微宣传扶贫工作，借助“爱心产品”进校园活动进行现场宣传，提高师生扶贫积极性，在对内层面进行了有益的尝试。同时，全方位宣传还有“师生教育”功能，即在智力扶贫工作的宣传中融入艰苦奋斗、社会责任、国家发展等教育内容，达到润物细无声的教育效果。总体上，系统的宣传助推机制在减少校内工作阻力，激发全校师生参与智力扶贫工作的积极性，以及形成智力扶贫帮困的良好氛围方面发挥了重要作用。

至于学校专门制定的挂职人员挂职期间的管理办法，则是为了进一步保障挂职干部安心工作、踏实扶贫，属于选好用好挂职干部的配套措施，也为有效推进智力扶贫提供了一个有益启发。

二、资源支柱：搭桥梁、聚优势

在担当智力扶贫的人心支柱之外，党政引智的三个层面还发挥了智力扶贫体系的资源支柱作用。人心支柱与资源支柱分别从“软”“硬”两个维度共同支撑起了华南理工大学智力扶贫工作。具体来看，党政引智机制的资源支柱角色主要体现在“搭桥梁”“聚优势”两个层面。

首先，“引智”机制充分发挥了桥梁纽带作用，对接起了高校智力资源与定点帮扶地区的现实需求。华南理工大学是教育部直属的全国重点大学，是“985工程”“211工程”和双一流高校，拥有轻工技术与工程、食品科学与工程、城乡规划学、材料科学与工程、建筑学等一大批应用型优势学科，并被誉为“企业家、工程师的摇篮”，一直以来在广东社会经济发展中发挥着重要的作用。但凝心聚力、融汇各方资源，将学校在科研、人才、技术等方面的能量引入智力帮扶地区，需要畅通的资源对接机制做保障。“党政引智”机制所形塑的正是师生与智力帮扶地区的交往模式，通过自上而下、自下而上的组织动员，使学校师生与智力帮扶地区的师生紧密地联结在了一起：通过党政领导顶层设计、调研考察和校地领导互访等方式，将全校资源与智力帮扶地区的需求相匹配；通过选准用好挂职干部、驻村书记，切实把全校资源和扶贫干部自身的社会资源、经历经验等，转化为帮扶工作的质量效益；通过动员优秀毕业生担当西部计划志愿者、组织优秀大学生“三下乡”和项目调研等短期社会实践服务等方式，引导人才资源向帮扶地区流动，为智力扶贫提供年轻干部、带去新资源、输入新血液。这些不同层次的智力扶贫实践共同搭建起了高校与智力帮扶地区之间的桥梁，阐释了智力扶贫的实质内涵。

其次，上下联动的“引智”机制发挥了优势融汇作用，为基于“校县合作”的智力扶贫工作提供了坚实的智力保障。高校智力扶贫的实质是将学校的人才优势与智力帮扶地区的优质资源进行“双优”对接，无论是党建引领、干部选派，还是长、短期相结合的人才引流，所做工作都是将学校的优秀智力主体引入帮扶地区，由学校智力主体撬动帮扶地区的优势资源，将帮扶地区的资源切实转化为发展动力。学校基于校内和社会融媒体平台宣传智力扶贫工作，提高了智力扶贫过程中师生参与的积极性，搭建的是智力扶贫工作的“基层载体”；学校坚持严管和厚爱结合、激励和约束并重原则，选派政治素质好、工作作风实、综合能力强的挂职干部，夯实挂职干部成长和培养的制度保障，保证智力扶贫工作的延续性和稳定性等，搭建的是智力扶贫工作的“中坚载体”。无论是挂职干部还是广大师生，均扑下身子、主动作为，深入乡村社区、学校工厂、田间地头调查研究，积极向学校党委和当地党委政府献计献策，共同凝结成智力扶贫工作的“现实载体”。只有在多元智力载体充分发挥软支撑、硬效应的基础上，智力扶贫的“双优”对接愿景才可能落地生效，顺利转化为可见的现实图景。

第二节　以孕才育智（I-E）为“柱”

谋定而后动。在进行人才动员时，确定扶贫对象的范围并匹配针对性策略，是各项扶贫工作开展的基础。对此，本书第四章中所介绍的华南理工大学四位一体的“孕才育智”大教育体系发挥了基础性的架构支撑作用，为厘清和框定智力扶贫工作的具体对象和指导相关工作的系统开展提供了章法与支点，并取得了显著实效。这构成了华南理工大学智力扶贫创新的第二个启发，即智力扶贫需要统筹兼顾、系统推进，发挥孕才育智的实践抓手与撬动作用，切实满足帮扶地区的智力脱贫需求。

一、统筹推进的实践抓手作用

有效的智力扶贫工作需要厘清具体的智力帮扶对象及其迫切需求，从而明确智力帮扶环节和相应的工作方法。“孕才育智”的大教育体系厘清了智力帮扶地区的各项智力需求，为华南理工大学智力扶贫工作的有效开展提供了实践抓手。

在华南理工大学的智力扶贫实践中，“孕才育智”体系不仅为华南理工大学统筹推进智力扶贫工作指明了智力扶贫对象的范围，还在此基础上为匹配针对各对象的差异化帮扶策略提供了框架。华南理工大学的各项工作皆是围绕干部、学校、企业家和居民四个主体展开的，四个主体的智力帮扶的现实需求是智力扶贫工作的出发点，智力扶贫工作的成效亦体现在四个主体的切实变化上。学校依据四大主体确定的“四维”工作体系，成功把智力帮扶渗入每一个教育环节，把帮扶覆盖到每个教育层次，构建了集本科、专科、中专、中小学以及成人继续教育为一体的五维教育帮扶体系，以及党政干部、居民、企业家三路并进的校外教育体系。

二、聚焦主要矛盾的撬动作用

智力扶贫工作的开展需要找准重点，尤其是在高校人、财、物资源都较为有限的条件下，能否抓住问题、解决主要矛盾就决定了智力扶贫工作能否取得好的成效。对此，“孕才育智”大教育体系为华南理工大学抓住主要矛盾、取得智力扶贫实效发挥了撬动作用。

一方面，“孕才育智”大教育体系为高校参与智力扶贫工作锚定了方位。教育振兴是高校在“大扶贫格局”中的优势定位，而四位一体的“孕才育智”大教育体系正是以教育振兴为目标而构建的。让贫困地区的孩子接受良好教育，是扶贫开发的重要任务，也是阻断贫困代际传递的重要途径；让贫困地区的党政干部、企业家和居民有发展的意识和志气，是改变贫困地区的落后面貌，帮助贫困地区真正脱贫致富、发展腾飞的治本之策。而在这两个关键的扶贫目标的实现过程中，高校具有独特优势。华南理工大学正是基于“孕才育智”抓住了这一主要矛盾，通过坚持“扶贫先扶智”，以人为本，发挥优势，积极开展教育扶贫战略合作，整合社会资源、改善智力帮扶地区的办学条件和整体能力素质等，有效撬动了帮扶地区的智力活力。

另一方面，“孕才育智”大教育体系为以有限的资源撬动无限的帮扶潜力发挥了撬动作用。正如习近平总书记讲话中所强调的：“摆脱贫困首要并不是摆脱物质的贫困，而是摆脱意识和思路的贫困。扶贫必扶智，治贫先治愚。贫穷并不可怕，怕的是智力不足、头脑空空，怕的是知识匮乏、精神委顿。脱贫致富不仅要注意富口袋，更要注意富脑袋。”[①]居民、学校、干部、企业家观念和智识的提升，是帮助智力帮扶地区建立自我“造血”机制的治本之策。华南理工大学通过聚焦四个关键主体，为智力帮扶地区提供人才基础和动力，是华南理工大学智力扶贫工作长效化的关键。

①人民网-中国共产党新闻网．习近平谈摆脱贫困：扶贫必扶智，治贫先治愚［EB/OL］．（2018-10-19）［2020-07-05］.http://jhsjk.people.cn/article/30329647.

第三节　以长效增智（I-A）为“径”

在上下联动的干部人才输送机制发挥支柱作用，并明确四位一体的“大教育扶贫”纲领的基础上，具体采取什么样的行动策略，决定着人才的使用方式和理想的扶贫效果能在多大程度上实现。对此，前述“长效增智”的三方面举措，便是华南理工大学智力扶贫工作的操作指南，为保障智力扶贫目标的实现提供了有效路径。这构成了华南理工大学智力扶贫创新经验的第三个启发，即智力扶贫有必要以长效增智为路径，循序渐进、精准施策，为智力帮扶地区提供量身定制的全周期帮扶。

一、科学的行动指南

“长效增智”的三重举措在整体上兼顾了智力扶贫不同维度的工作目标，为智力扶贫工作的有效开展提供了科学指南。其中，三重举措在智力扶贫工作体系中各有侧重——“以点带面”策略兼顾了智力扶贫对象的重点性与全面性、智力扶贫目标的长远性与智力扶贫地区现实条件的客观性；“闭环调适”策略兼顾了智力扶贫过程的规范性与智力扶贫结果的实效性；“双向续航”策略兼顾了智力扶贫效果的显著性与长期性。

智力扶贫工作目标的实现不仅需要用真情、干实事，还需要科学有效的行动策略作为实现手段，达到事半功倍的效果。“以点带面”“闭环调适”以及“双向续航”三个策略既源于理论上的辩证施治、系统推进等先期理念指导，也源于过程中华南理工大学针对智力帮扶地区当时、当地情境的渐进摸索。而在运用效果上，三个策略的实际效能也被验证了。譬如从“双向续航”的运作成效上看，华南理工大学通过以品牌引领云县产业整体升级，推动当地经济增长，已经实现了为教育发展提供持续性资金扶持的目标，产业升级反哺教育财政的势头已经初步呈现。其中，通过打造“爱心系列”品牌企业，并将其销售额的一定比例注入“扶贫专项基金”，用于智力帮扶地区中小学教师培训，号召智力帮扶地区更多企业在共享品牌引领、产业升级红利的同时，投入部分收益反哺教育等做法，构成了可以全国性复制、推广的有益经验。

二、动态的渐进调适

除了兼顾智力扶贫不同维度的工作目标之外，“长效增智”的三重举措还具有内在逻辑上的周延性，为智力扶贫工作的有效开展提供了不同阶段、环节以及情境的精细化、动态化方略，将智力扶贫工作的高效启动、可持续进行和长效化目标落到了实处。其中，“以点带面”的示范引领是在智力扶贫工作初期迅速破局的首要步骤，为智力扶贫工作过程中的动态调整和持续开展提供了动力保障；“闭环调适”的责任兜底为智力扶贫工作末端的质量管控提供了制度保障；“双向续航”的延续机制则使巩固智力扶贫工作成果成为可能。总体上，“以点带面”“闭环调适”“双向续航”在智力扶贫的初期、过程、末端以及延伸等环节，构成了完整、动态的智力扶贫“行动链”。这一动态性的渐进调适过程符合高校参与智力扶贫工作的现实基础和实际需要。

滇西扶贫开发是国家战略，高校跨省定点扶贫更是一个全新的课题。因此在智力扶贫的初期，各高校缺少前期成形的经验作为参照，也没有现成的系统行动方案作为指导，需要靠各自摸索，自下而上地总结实践经验。对此，在“摸着石头过河”的过程中，如何找准发力点，如何进行目标分解，如何管控工作质量，以及如何实现工作成效可延续等，是每个高校开展智力扶贫工作不可回避的问题。华南理工大学所探索的动态性智力扶贫“行动链”成形于对这些问题的思考，完善于实际运行过程中的尝试，并取得了可见的成效。将“长效增智”的三重举措进行总结，并在其他贫困地区进行推广，有助于提高各地区智力扶贫实践的整体工作效率。

第四节　社会影响与推广价值

自开启智力扶贫实践以来，华南理工大学认真贯彻落实习近平总书记解决“两不愁三保障”突出问题座谈会重要讲话精神，不断增强“四个意识”、坚定“四个自信”、坚决做到“两个维护”，切实把思想和行动统一到中央脱贫攻坚决策部署上来，动员全校师生进行了系统而扎实的实践探索。华南理工大学坚持“治贫先治愚，扶贫先扶志”的理念，根据帮扶地区的实际情况与客观需求，充分发挥学校在教育、学科、人才、科技和校友等方面的优势和资源，打造出了具有鲜明特色的“I-DEA”智力扶贫模式，显著提升了智力帮扶地区的发展动力与持续潜力。“I-DEA”智力扶贫模式的成功经验对国内其他地区和高校具有普适的借鉴意义和样板价值，为我国精准扶贫工作的重大理论和现实问题贡献了“华南理工智慧”。

一、广泛的社会影响

通过以党政引智为“纲”、以孕才育智为“柱”、以长效增智为“径”，华南理工大学的智力扶贫工作得以顺利开展并取得了显著实效，得到了中央和社会的广泛肯定。

一方面，华南理工大学的智力扶贫创新得到了中央的肯定，其创新模式得以自上而下地推广、扩散。在责任书落实方面，华南理工大学从讲政治的高度重视脱贫攻坚工作，依据《中国农村扶贫开发纲要（2011—2020年）》《关于做好新一轮中央、国家机关和有关单位定点扶贫工作的通知》《教育部定点联系滇西边境山区工作总体方案》《中共中央 国务院关于打赢脱贫攻坚战的决定》《滇西边境山区片区区域发展与扶贫攻坚规划（2011—2020年）》等文件对连片特困地区扶贫的总体部署和为高校智力扶贫指明的方向，围绕《中央单位定点扶贫责任书》对智力扶贫攻坚提出的总体要求以及空间布局、重点任务，充分调动校内外智力资源，链接社会力量，保质保量超额完成了责任书各项指标。在整体工作不断推进和取得显著成效的同时，华南理工大学的智力扶贫项目也获得了政府和社会各界的广泛关注与肯定。学校定点扶贫项目在国务院扶贫开发领导小组公布的2018年定点扶贫工作考核结果中，获评"好"。作为高校代表之一，华南理工大学先后在2018教育扶贫论坛和2019年教育部直属系统扶贫工作推进会上介绍智力帮扶模式。

另一方面，华南理工大学的智力扶贫创新得到了社会的广泛关注和普遍认同。《中国教育报》头版曾以"学校和扶贫点跳出'产业双人舞'"为题，对学校进行了宣传报道。教育部官网先后刊登了《华南理工大学精准扶贫精准脱贫典型项目》《华南理工大学积极探索消费扶贫新举措》等专题报道，学习强国APP先后报道《奋战在滇西脱贫攻坚一线的"教育兵团"》《党的十八大以来教育系统援派工作纪实》《华南理工大学：以奋斗报效祖国，用"华工智慧"助力脱贫攻坚》等内容。相关报道产生了广泛的影响力，得到了其他高校和全社会的广泛好评。

二、显著的推广价值

华南理工大学智力扶贫实践的价值不限于帮扶特定地区稳定脱贫，还具有向国内其他地区宣介、扩散的样本示范和创新引领作用，具体体现在以下三个层面：

首先，创新模式鲜明而系统。在实践经验和理论研究上，各项智力帮扶项目的发展模式日益成熟、扎实推进，并形成了具有鲜明特色的"I-DEA"智力扶贫模式。整体来看，华南理工大学构建了以基础教育为核心，居民教育、干部教育与企业家教育等四位一体的"大教育扶贫"体系；通过"党政引智"和"长效增智"为"大教育扶贫"提供了支柱和科学路径，构建了高效运行、统筹推进的智力扶贫有机系统。同时，该系统具有全国层面的普遍适用性，为推进我国智力扶贫工作，并助推精准扶贫体系的发展完善提供了新的实践素材。通过全方位的宣传交流、学术研讨与成果出版，华南理工大学的智力扶贫经验也在被逐步上升和提炼为典型治理案例，被挖掘出更多的理论内涵，可以为中国特色的智力扶贫研究和精准扶贫提供新的理论启发。

其次，创新成效显著而有保证。从智力帮扶地区的发展实效看，各项智力帮扶项目落地开花。华南理工大学智力扶贫工作的最大成效体现为各个项目切实给帮扶地区的发展注入了活力，取得了可见的效果。华南理工大学秉持"献真心、融真情、出真招、求真效"的理念，助推智力帮扶地区实现了华丽的蝶变。譬如助推孔美村从村民缺乏自信和动力的“重点涉毒村”转变为“美丽红色村”，并走向“美丽孔美”“文化孔美”“旅游孔美”，孔美村于2018年底实现“三无”：无新增的吸毒人员、无新增的贩毒案件、无制毒窝点，如今的孔美村拨云见日、焕然一新，村中屋舍井然、田园和美，人们欢声笑语、怡然自得，处处呈现出生机勃勃的景象。此外，全面覆盖的大中小幼教育扶智极大地改善了各个学校的办学条件，提升了教师的教学水平和精神面貌，开阔了贫困学生的视野，实现了把穷根掐断在萌芽处，让更多贫困学生的童年有更多色彩、更多希望的目标。针对党政干部、乡村企业家的培训扶志显著提升了其创新热情和发展动力，为智力帮扶地区打下了人才基础，注入了内生发展活力。在2017年底云县扶贫办组织的定点扶贫县、乡镇、村三级干部群众对高校帮扶工作以及挂职扶贫干部工作的满意度调查中，华南理工大学扶贫工作满意率均达到100%。智力帮扶地区的相似蝶变和积极反馈还有很多，各项智力帮扶项目的成效已经开始显现。整体来看，这些发展实效与从无到有、从有到优的转变，检验的是“I-DEA”智力扶贫模式的有效性，亦是对“I-DEA”智力扶贫成效的最大肯定。

最后，推广价值已经初步彰显。华南理工大学智力扶贫项目为教育部教育脱贫攻坚理论总结与创新找到了“破题关键”，为我国精准扶贫工作的重大理论和实践贡献了“华南理工智慧”。学校定点扶贫项目已连续四年获评教育部直属高校精准扶贫精准脱贫典型项目，定点扶贫经验还被收录进国务院扶贫办《中央单位定点扶贫案例》，成为国内各地区智力扶贫工作广泛参照和借鉴的样本。华南理工大学智力扶贫项目不仅为高校精准扶贫提供了具体“解题思路”和实践经验借鉴，而且为找到下一步教育脱贫攻坚和帮扶工作的重点和突破口贡献了“华工样板”，同时为从理论高度探索高校精准扶贫理论体系与创新路径以及“后2020”时期脱贫攻坚和乡村振兴有效衔接的方向提供了启发。

总体来看，华南理工大学以习近平新时代中国特色社会主义思想为指导，牢固树立“四个意识”，持续深入学习习近平总书记扶贫开发重要战略思想，切实把思想和行动统一到中央脱贫攻坚决策部署上来，始终如一地全力以赴、精锐出战，发挥学校优势资源，充分对接智力帮扶地区需求，推进了智力帮扶地区的全面脱贫进程。华南理工大学的智力扶贫模式能够取得显著实效，得益于在引才、育才、增才等方面契合了智力扶贫的内在逻辑与帮扶地区的客观实际。尽管不同地区和高校的具体智力扶贫情境有所不同，但在基本原理和运行逻辑上具有内在的一致性。以“党政引智”为“纲”，以“孕才育智”为“柱”，以及以“长效增智”为“径”的智力扶贫“I-DEA”模式，对国内其他地区和高校具有普适的借鉴意义和样板价值。

相关链接

媒体报道（节选）

由华南理工大学对口帮扶的云县，在2018年9月正式退出贫困县序列，成为云南省第一批、临沧市第一个脱贫摘帽县，也是教育部直属高校对口帮扶滇西最早实现脱贫摘帽的6个脱贫县之一。站在新的历史方位，华南理工大学和云县深入学习习近平总书记重要讲话精神，合力构建“华南理工+云县+社会”三力驱动、“全品牌-全产业-全教育”有机联动的防返贫造血机制，开启云县乡村振兴、全面发展的新征程。

http://www.moe.gov.cn/jyb_xwfb/xw_zt/moe_357/jyzt_2019n/2019_zt27/dsj/201910/t20191014_403208.html

——中华人民共和国教育部网站

华南理工与云县六年携手攻坚，云县贫困人口数量从2012年末的5.28万人下降到2018年末的813人，贫困发生率从11.70%下降至0.24%。云县的扶贫项目连续两年获得教育部直属高校精准扶贫精准脱贫十大典型项目。

新华网

华南理工大学举行主题教育先进事迹与经验报告会

2019-11-08 22:41:59　来源：新华网

http://m.xinhuanet.com/gd/2019-11/08/c_1125210868.htm

——新华网

华南理工大学认真学习贯彻习近平总书记在解决“两不愁三保障”突出问题座谈会上的重要讲话精神，深入贯彻落实“要把防止返贫摆在重要位置”的要求，针对定点扶贫县云南省云县产业基础薄弱、发展动力不足、教育发展落后、科技人才匮乏“四大短板”，实施“品牌强县”工程，构建全域性施策、全过程联动、全方位发展的防返贫长效振兴机制，一体推进品牌引领、产业发展和教育振兴。

中国教育在线　中国教育网　新闻 / 高考 / 考研 / 教师 / 公

新闻中心　首页 > 新闻中心 > 高校动态

华南理工大学以智提质聚财育才 品牌引领助力定点扶贫县脱贫振兴

2020-01-13 14:24:00　教育部　https://news.eol.cn　分享：

教育部简报〔2019〕第29期

https://news.eol.cn/dongtai/202001/t20200113_1705154.shtml

——中国教育网

教育扶贫、智力扶贫、健康扶贫、文化扶贫、产业扶贫，华南理工走出了一条“具有华南理工特色的精准扶贫精准脱贫之路”，帮助云县成功脱掉“贫困帽”。

——羊城晚报

第七章 未来展望：探索“后智力扶贫”之路

人是生产力的核心因素和最大变量，扶贫攻坚工作只有从提高人的素质入手，通过智力扶贫变“授之以鱼”为“授之以渔”、变输血式扶贫为造血式扶贫，才能从根本上改变贫困地区“打工没技术，创业没思路，务农没出路”的状况，最终全面实现小康①。高校在“智力扶贫”中始终是作用有限的外力因素，如何在现阶段以“智力输入”为主的帮扶模式基础上，实现贫困地区持续性的“智力内生”和更高级形态的“智力输出”，是未来智力扶贫工作更为长远的目标。对此，在既有智力扶贫工作的基础上，包括华南理工大学在内的全国各地智力扶贫创新有必要进一步从“四个升级”进行探索：从依赖外力到自力更生，从个别脱贫到全面脱贫，从以智力扶贫为核心到智力扶贫与其他扶贫模式的深度协同，从智力脱贫、不返贫到智力引领和输出，最终实现智力扶贫与乡村振兴新战略的有效衔接（图7-1）。

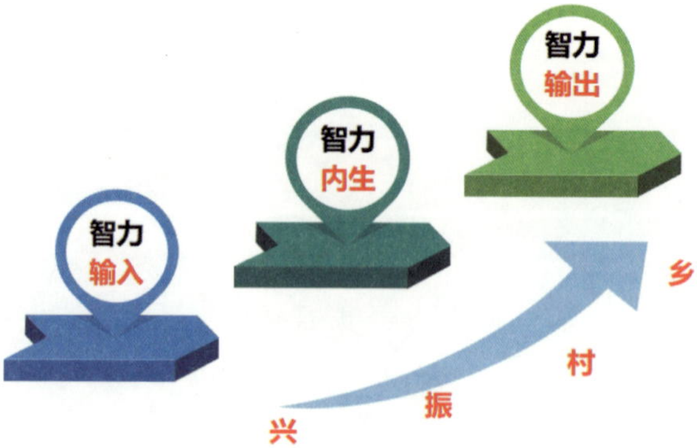

图7-1 “后智力扶贫”的发展路径

①新华网．强化社会合力，构建“三位一体”大扶贫格局［EB/OL］．（2016-10-24）［2020-08-25］．http://www.xinhuanet.com/politics/2016-10/24/c_1119777420.htm.

第一节　从“外力为主”到“内生自主”

在全国智力扶贫实践中普遍存在、当前学界探讨较多的一个问题是扶贫的内生性动力问题。智力扶贫需要回答在外力撤出以后，如何延续智力扶贫成效，并在新的起点上实现自主发展的问题。这一问题在扶贫攻坚的收官之年，尤为迫切。基于华南理工大学已有的创新性探索启发，以及全国智力扶贫实践的一般性经验，可以看出，解决智力扶贫的内生性问题需要从自主观念、自主能力两个层面出发，共同探索从“外力为主”到“内生自主”之路。

一、以自主观念为引领

扶贫的根本在于扶智，而在扶智的过程中，观念的改变是首要。正如习近平总书记多次强调的，人穷志不能短，扶贫先要扶志。回顾我国持续多年的精准扶贫实践，各地在智力扶贫的过程中始终注重扶贫同扶志、扶智相结合。包括滇西在内的贫困地区民众脱贫意识已有明显提高，但“等、靠、要”的思想仍存在于部分地区和贫困村民中。此外，部分贫困地区民营企业、个体工商户的社会责任感还不够强，缺乏主动参与社会扶贫的意识，特别是对扶持贫困户发展经济、发展产业从而走向共同富裕的兴趣不浓。有的企业虽然热心公益事业，但忽视了支持农户发展、增加造血功能等重要内容。而从当前激发贫困地区脱贫内生动力的方式看，各地的实践尚存在方式偏少、范围偏窄的问题，其多样性有待进一步提升。

因此，要打赢脱贫攻坚战并实现长效脱贫，必须进一步加强贫困地区群众的自主观念，提升贫困地区群众自我发展的“主角意识”，实现依靠自己辛勤劳动来实现脱贫致富的目标。[①]在实现这一目标的方式方法上，华南理工大学智力扶贫中的一些既有探索可供推广和拓展。譬如，华南理工大学在定点帮扶地区的智力帮扶工作中，坚持把扶贫与扶志有机结合起来，从思想、精神上帮扶，有针对性地进行思想教育和技术培训，促进帮扶地区的干

①余应鸿．乡村振兴背景下教育精准扶贫面临的问题及其治理［J］．探索，2018（03）：170–177.

部群众转变发展观念，奠定激发帮扶对象内生动力的基础。通过对智力帮扶地区的干部、教师及各行业从业人员进行培训，帮助他们解放思想、转变观念、创新思维、主动脱贫。高质量的培训所带来的新思想、新理念、新知识和新技术，可以大大提升智力帮扶地区党政干部和企事业单位负责人的综合素质和能力，拓展他们的创新发展思路，为贫困地区未来长期、稳定和高速发展奠定坚实的思想基础，注入发展动力。①相比之下，对学校自主发展观念的帮扶在见效周期上更长，但同样重要。通过有意识地将自主发展观念注入广大贫困地区学生的认知中，激励广大学生勤奋学习、刻苦钻研、奋发成才；真正以知识的甘霖滋润幼小的心灵、以爱心的帮扶放飞翱翔的梦想，助推智力扶贫目标实现。

二、以自主能力为支撑

智力帮扶地区的独立自主除了自主观念发挥柔性的引领作用之外，还需要硬性的自主能力做支撑，实现动力与能力的统一。从目前智力扶贫的普遍状况来看，各地仍主要依托智力帮扶单位引入的资金、项目或规划方案进行产业建设，产业发展的自主能力仍缺少内生韧性，外力撤出后的产业发展前景仍存在较大的不确定性。为此，在助推贫困地区从外力自主到独立自主的发展过程中，智力扶贫创新需要从以下两个层面进一步探索：

首先，帮助贫困地区建立产业帮扶项目的自我延续机制。智力扶贫的帮扶项目要想转化为贫困地区的自主发展项目，需要将项目与特定个人“相对脱离”，即不因挂职干部的调离或带头人的变化而中止。对此，形成制度化、长期化的运营机制，以及选择在贫困地区能力范围内的产业类型，是智力扶贫创新中有待系统探索的方向。在华南理工大学的前期探索中，不乏相关的方式方法，但需要进一步系统化、纵深化发展。譬如，打造“爱心系列”品牌企业，组织学生创新创业团队与当地企业合作，基于当地优势资源发展相关产业；同时，将爱心企业的一部分销售额注入“扶贫专项基金”，号召云县更多企业在共享品牌引领、产业升级红利的同时，投入部分收益反哺教育财政。在华南理工大学帮扶云县的智力扶贫实践中，这一项目运营模式已经成形，产业升级反哺教育财政的势头初步呈现。这些类型项目的

①华南理工大学．华南理工大学：探索多元化扶贫路径［J］．中国扶贫，2017（17）：41-44.

特征符合“人走业不息”的要求，是智力扶贫过程中有待重点打造的项目运营模式。

其次，帮助贫困地区提高社会资源的自主汇聚与使用能力。从更长发展周期看，高校作为外力，能够给智力帮扶地区预留的长期性发展项目始终难以满足需求。帮助智力帮扶地区提高自主汇聚社会资源的能力，使其能够自选和自创发展性项目才是关键。尤其是在信息化技术愈益发达的信息时代，丰富的线上资源一定程度上可以对冲贫困地区面临的交通区位约束。通过网站、QQ、微信、电子商务平台、各地商会现场推介等方式，有针对性、有的放矢地开展招商引资工作，加大宣传推介力度，树立特色鲜明的良好形象，智力帮扶地区是有机会自主赢得更多外部支持和融汇更多社会资源的。对此，自然风光、优质农特产品以及历史悠久、人杰地灵的人文资源都是智力帮扶地区在自主汇聚资源过程中的有利条件。同时，诸如孔美村以宗祠建筑作为“乡愁”的载体，以“乡愁”为纽带推动“乡贤回归”工程，积极鼓励外出乡贤回到家乡进行产业开发、投资和捐资助学，也是智力帮扶地区可以挖掘和借助的情感资源。归根结底，外因是条件，内因是关键，能否有效利用好网络平台并实现资源汇聚，在于有没有自主发展能力作为支撑。这构成了“后智力扶贫”创新中要解决的关键问题。

第二节　从“以点带面”到“固点扩面”

智力扶贫的目标不是使贫困地区的个别“能人”脱贫，而是普遍脱贫。为此，进一步的智力扶贫工作有待在发挥“以点带面”的示范引领作用的同时，不止于“点”、落脚于“面”，实现智力扶贫从“以点带面”到“固点扩面”的升级。具体而言，需要着重推进两方面的工作：一是巩固智力脱贫点，二是扩大智力脱贫面。

一、巩固“智点”

以点带面的智力扶贫逻辑，一方面在于通过找准有基础、有潜力、见效快的个体、企业、学校以及项目等“智点”，在智力扶贫工作的初期迅速破局；另一方面在于树立标杆、打造精品，发挥示范引领作用，带动整个村、镇、县发展。在全国各地的智力扶贫实践中，已形成了一些这样的“智点”。在进一步的智力扶贫创新中，一个重要的工作内容是提高既有“智点”的发展韧性。正如习近平总书记所强调的，行百里者半九十[①]，脱贫攻坚必须做到持续性的真抓实干、埋头苦干。对于已经崛起的“智点”，如何建立跟踪机制和反馈渠道，激励“智点”持续发展，助推“智点”不断升级，避免“智点”半路夭折，是智力扶贫创新中有待探索的实践方向。

从现有“智点”的发展状况看，智力帮扶成果需要重点在品牌竞争力的提升上下功夫。智力帮扶地区往往旅游和农业资源丰富，但是科技含量不高、品牌意识不强，存在小、弱、散等问题。相关产业的品牌竞争力较差，存在品牌同质化问题。这一方面制约着智力帮扶成果的收益空间，另一方面也限定了智力帮扶成果的持续性生存潜力。对此，智力扶贫工作需要从进一步发挥科研优势出发应对这一挑战。具体推进以下三方面工作：一是根据智力帮扶地区经济社会发展需求，依托相关学院和专家学者建立工作站（基地），把更多高校优势科技成果与智力帮扶地区优质资源进行“双优对

①习近平．在打好精准脱贫攻坚战座谈会上的讲话［EB/OL］.（2018-02-12）［2020-07-17］. http://www.xinhuanet.com/politics/leaders/2020-04/30/c_1125928631.htm.

接”，朝打造更多全国知名的龙头企业目标努力，带动更多农民脱贫致富。二是加大力度鼓励相关学院、研究人员与智力帮扶地区企业建立广泛的科技合作，通过联合申报国家、智力帮扶地区等各类科技支持计划和项目，进一步增加制度化、长期化的国家资源对接渠道。三是在提供科技支持、推动产业升级的基础上，不断完善智力帮扶地区品牌联盟的架构及运行机制，加强企业品牌建设，充分发挥品牌联盟在推动产业转型升级上的重要作用。

二、扩大“智面”

在巩固“智点”的同时扩大“智面”是接下来智力扶贫工作的重点内容。我国精准扶贫是推动区域协调发展、协同发展、共同发展的大战略，是加强区域合作、优化产业布局、拓展对内对外开放空间的大布局，是打赢脱贫攻坚战、实现先富帮后富、最终实现共同富裕目标的大举措。具体到智力扶贫工作，不患寡而患不均，智力扶贫的最终目标不是制造差异、扩大差异，而是实现扶贫成果的普惠。从现状看，尽管包括华南理工大学智力扶贫项目在内的诸多智力帮扶地区已经实现了个别乡镇的个别村民带头人、企业家和基层干部的智力脱贫，但更大的基数还有待纳入扶贫范围。这一现状其实是全国智力扶贫实践的共同问题，在资源、人力、环境等条件约束下，智力上的脱贫也存在一个“先富带后富”问题。

对此，华南理工大学“以点带面”智力扶贫路径所包含的一个实践启发，便是在扶贫扶志的行动中注重发挥示范引领作用和发展惠及面较大的项目。譬如通过扶持个别先进之“点”，用身边人身边事的示范带动作用，打开普遍存在观望态度和“等靠要”不良习气的既有局面，是值得全国性推广的一个有效经验。智力扶贫的成效具有间接性和抽象性，各地区应当积极总结推广脱贫典型，宣传表彰自强不息、自力更生脱贫致富的先进事迹和先进典型，发挥“先富带后富、共奔智力富裕之路”的示范效应。在发展惠及面更大的项目方面，华南理工大学助推孔美村申报为“广东省传统古村落”，通过弘扬孔美村进而全面提振民心是一个值得推广的做法。此外，各地在智力扶贫实践中通过开展“自强、诚信、感恩”主题实践活动，创办脱贫攻坚“农民夜校”“讲习所”等，加强思想、文化、道德、法律、感恩教育，弘扬自尊、自爱、自强精神，也是潜移默化地在“面上”实现智力扶贫从个别到一般的必要支撑。

在扩大“智面”的过程中，激发智力脱贫内生动力方式的多样性是关键。在激发智力帮扶地区人民脱贫内生动力方面，目前仍存在方式偏少、范围偏窄的问题。后续在做好精准培养干部人才的基础上，需要进一步注重对贫困群众的扶贫扶志鼓励和技术技能培训。对于这一问题，基于华南理工大学的经验启发，有效的应对思路是以强化教育扶贫为核心，从三个方面提质增效，巩固智力扶贫成果：一是进一步做大做强智力帮扶地区的品牌联盟，充分发挥学校资源优势，帮助联盟成员企业提升产品质量和发展水平，进一步推动产业转型升级，扩大教育基金收入来源。同时，注重品牌联盟对小微企业的辐射，吸纳更多智力帮扶地区的企业加入品牌引领产业升级、爱心助力教育振兴的行列。二是围绕智力帮扶地区的国家发展战略机遇进行针对性内生性扶智。例如华南理工大学围绕临沧市国家可持续发展议程创新区建设，推动学校与市政府的战略合作协议落地落实，帮助临沧市培养更多适应创新区建设要求的高素质专业化干部。三是继续推进各类人才培训常态化项目，做好六大系统培训，即智力帮扶地区干部综合能力和素质提升培训、中小学优秀教师交流学习培训、医疗系统优秀医生交流学习培训、乡村振兴（基层干部、乡贤、致富带头人）培训、优秀企业家交流培训、在线讲堂远程培训等。通过进一步创新智力扶贫方式方法，将更广泛激发智力扶贫地区内生发展动力的工作目标落在实处。

第三节 从“相向而行”到“深度嵌套”

高校智力扶贫是诸多精准扶贫模式中的一种，需要在厘清与其他扶贫模式关系的基础上，辨明相对优势和侧重点，实现与其他扶贫模式的协同发展。目前，我国已经形成了政府、社会、市场协同推进的大扶贫格局，智力扶贫、产业扶贫、消费扶贫等不同模式共同发挥作用，且智力扶贫内部也包含政府主导类、高校主导类、企业主导类等不同细分类型。然而，尽管各类扶贫方式都是为帮扶地区的脱贫目标服务，存在相向而行、殊途同归的关系，但始终缺乏足够有效的协同机制，未形成合力。智力扶贫如何在与其他扶贫路径的相向而行的基础上，实现扶智与扶产、扶民等其他扶贫模式和多元主体的高效协同，是智力扶贫工作有待进一步解决的问题。对此，结合华南理工大学的实践探索和我国其他高校与地区的相关经验，我们认为可以从发掘智力扶贫的新优势以及推进与其他扶贫模式的深度互嵌两个方面着手。

一、发掘新的优势

习近平总书记曾在2015年减贫与发展高层论坛的主旨演讲中提出“我们坚持动员全社会参与，发挥中国制度优势，构建了政府、社会、市场协同推进的大扶贫格局，形成了跨地区、跨部门、跨单位、全社会共同参与的多元主体的社会扶贫体系。”[①]相比之下，政府在“大扶贫格局”中的优势是能够集中力量办大事，最大限度地整合社会各方各面的资源，并提供兜底性保障；市场在“大扶贫格局”中的优势是其专业性，可以在产业发展、项目推动等方面发挥更强的资金助推作用和精准引导功能；社会力量作为政府扶贫职能的有力补充，能够在政府和市场的“失灵”地带发挥补位和提质功能。而高校作为社会力量的重要构成，其特殊优势便是能够在教育扶智方面汇聚学科、人才、科研等资源，在民风民志层面为贫困地区的发展注入“强心针”，为长效脱贫植入内生要素。

①习近平．携手消除贫困 促进共同发展——在2015减贫与发展高层论坛的主旨演讲［EB/OL］.（2015-10-16）［2020-07-17］. http://politics.people.com.cn/n/2015/1017/c1024-27708352.html.

但我们也看到，现有的政策与制度仍未从国家层面对智力扶贫进行统筹安排，同时，由于多部门合作的特点，相应的地方性政策也较为分散；从实践层面来看，在意识观念扶贫上缺乏实践关注与经验总结，而在教育与技能扶贫上经验相对丰富，但仍未形成系统化的智力扶贫实践经验。对此，在脱贫攻坚收官以后的“后扶贫”时代，随着诸多输血式扶贫外力撤出脱贫地区，智力扶贫可以以其扶贫方式的灵活性，采用线上培训、人员互访等低成本方式继续跨时空运行；也可以通过开发更多的自主观念注入和自主能力提升项目，在助推智力帮扶地区衔接脱贫攻坚和乡村振兴战略方面发挥更大的相对优势。

二、推进深度互嵌

在发挥自身相对优势的同时，高校智力扶贫作为政府、社会、市场协同推进的大扶贫格局的有机组成部分，也是能够贯通不同扶贫主体的重要力量。从智力扶贫的过程来看，智力扶贫本身就是一种集合多方资源、协同多种模式、动员多元社会力量参与扶贫建设的机制。它有效地带动了政府、社会、市场、高校等不同主体参与到扶贫治理当中来，为贫困治理积累了宝贵经验。在既有的运营模式中，智力扶贫主要是把学校的人才优势与智力帮扶地区的优质资源进行“双优”对接，建立相关学院、研究人员与智力帮扶地区机关、企业、学校等的广泛合作。而在进一步的智力扶贫创新过程中，高校智力扶贫可以发挥更多的与其他扶贫模式对接的桥梁作用。智力扶贫可以发挥研究优势，通过建立研究机构、申报科技支持计划和项目等方式，为其他扶贫主体和方式提供智力支持；通过与政府、市场力量建立更加有效的对接机制，集结社会多方资源，联通多方主体合作，共同提升整个“大扶贫格局”的运行质量，汇聚起我国脱贫攻坚的强大合力。

在推进智力扶贫与其他扶贫路径的深度互嵌过程中，需要重点突破的是智力扶贫面临的宏观体制机制问题。从国家层面看，智力扶贫工作面临与自上而下的经济发展目标有机融合的挑战。智力脱贫的成效具有内在性、长期性和潜移默化性，而地方经济发展的压力具有量化性、迫切性和刚性。贫困县在快速发展、跨越发展的战略指导下，以及面对各项严格的考核指标，其经济发展的紧迫诉求与高校智力扶贫的优势发挥机制还需进一步磨合。对此，如何调整国家对贫困县考核指标中对GDP的要求构成了需要思考的体制机制性问题。从地方自身层面看，智力扶贫的实际成效受贫困地区地方领导的认知与作风的影响很大。地方“一把手”对高校扶贫工作的认识、对挂职扶贫干部的支持力度等都直接影响智力扶贫项目的开展，地方政府对项目、资金等输血式扶贫的依赖惯性也干扰着智力扶贫模式的发展。[①]如何促进地方政府转变观念和思路，主动利用高校的资源优势，重点挖掘本地在科技扶贫、人才扶贫、技术扶贫和信息扶贫等方面的需求，构成了需要学界和业界共同思考的议题。鉴于不同县对高校扶贫认识的差异，以及对扶贫挂职干部的分工、使用的多样性，如何建立省级统筹机制，并区别于省内单位扶贫挂职工作，更好地发挥高校智力扶贫的积极作用，构成了需要自上而下进行的制度化建设议题。

①许凌志. 论新时期广西大石山区贫困农村扶贫开发理念的转变［J］. 学术论坛，2013（08）：93-96.

第四节 从“扶贫助弱”到“后发振兴”

习近平总书记曾在《摆脱贫困》一书中强调，弱鸟可望先飞，至贫可能先富。[1]贫困地区的发展之“志”不应停留于脱贫和不返贫，而应当思考如何进一步发挥脱贫势能，实现长期发展乃至“进位赶超”。打赢脱贫攻坚战，如期实现全面脱贫，是党中央向全国人民做出的郑重承诺，也是实施乡村振兴战略的重要基础。正如习近平总书记在决战决胜脱贫攻坚座谈会上所指出的，要接续推进全面脱贫与乡村振兴有效衔接，推动减贫战略和工作体系平稳转型，统筹纳入乡村振兴战略，建立长短结合、标本兼治的体制机制。[2]具体从智力扶贫层面看，统筹衔接脱贫攻坚与乡村振兴战略意味着实现从人才和文化贫瘠到人才振兴、文化振兴，并进而带动和助力产业、生态、组织、公共服务、基础设施等脱贫乡村的全面振兴。概言之，在“后智力扶贫”时代，智力扶贫的终极目标是在从“落后”到“不落后”的基础上谋求“先进”，实现从“智力输入”到“智力输出”的层次升级。

一、突破发展天花板

智力扶贫的基本目标是在智和识上脱贫，帮助贫困地区改善制约发展的人才、文化、观念、能力等落后条件。而与乡村振兴战略相衔接对智力扶贫提出了一个更高级目标，便是不满足于脱贫，还要避免返贫和走向先进——充分发挥“后发优势”实现地区振兴。党的十九大提出的实施乡村振兴战略是以习近平总书记为核心的党中央着眼党和国家事业全局，深刻把握现代化建设规律和城乡关系变化特征，顺应亿万农民对美好生活的向往做出的重大决策部署，也是决胜全面建成小康社会、全面建设社会主义现代化国家的重大历史任务。

①赵承，霍小光，张晓松，侯雪静，林晖，施雨岑．习近平的扶贫故事［J］．共产党员（河北），2020（11）：6-13.

②人民网．如何实现全面脱贫与乡村振兴的“有效衔接”［EB/OL］.（2020-04-03）［2020-07-25］. http://theory.people.com.cn/n1/2020/0403/c40531-31660000.html.

对此，脱贫攻坚是实施乡村振兴战略的基础性工程，乡村振兴是脱贫攻坚的接续战略，是对全面脱贫成果的巩固和提升，亦即“脱贫”是确保全面建成小康社会的底线要求，而“振兴”则是开启全面建设社会主义现代化国家新征程的重大战略任务。①从脱贫到振兴并不是简单地延伸，而是跃升。对于智力扶贫而言，“振兴”目标的实现同样需要从四位一体的“孕才育智”体系出发，从“党政引智”和“长效增智”机制入手，在现有扶贫成效的基础上不停歇，进一步提升脱贫地区党政干部、学校、企业家和居民的发展志气，从脱贫走向富裕，从不落后走向全面小康。

长期来看，在从落后走向先进的过程中，智力帮扶地区发展面临的一大瓶颈是交通便利性不足。交通运输是贫困地区脱贫攻坚的基础性和先导性条件，近年来，滇西贫困地区的交通得到了一定改善，但仍是制约区域经济发展的主要瓶颈之一。智力帮扶地区交通不便，物流成本高，导致重大项目难落地，效益难产出。在华南理工大学探索中的智力帮扶和提供的咨政参考之外，这一问题的解决有待国家和地方政府、市场、社会等多方力量的共同努力，需要长期、渐进的投入和建设。其实，同样的问题也是制约全国诸多智力帮扶地区发展的一个根本难题，需要有步骤、有计划地加以解决。同时，在通过基础设施建设打破硬件层面的交通闭塞之外，还需要通过信息基础设施的完善，打通软件层面的对外宣传通道。处在信息时代，酒香也怕巷子深，但如果能与时俱进地利用好互联网资源，加大宣传推介力度，树立特色鲜明的良好形象，赢得更多的外部支持，将能够吸引和汇集更多的社会资源，降维和加速破解智力帮扶地区的交通与区位劣势。

二、书写振兴新篇章

从更为宏观的社会发展层面看，智力扶贫的重要意义并不限于贫困地区一域，而是可以发挥正向的外部效应，从输入性的造福贫困地区拓展到输出性的助益全社会发展。在具体内容上，智力帮扶地区可以发挥的输出效应不局限于共性的教育资源、优势产品或知名品牌价值，还有其可以挖掘的独特文化资源。譬如现在已经在探索的基于优势传统文化或自然景观开展“非遗扶贫”项目，即是挖掘帮扶地区独特的文化资源。未来可以探索的包括将

①澎湃．如何实现全面脱贫与乡村振兴的“有效衔接”［EB/OL］.（2020-07-19）［2020-07-25］. https://www.thepaper.cn/news Detail_forward-8343210.

智力脱贫历程、成果与经验总结为脱贫文化、奋斗精神，发掘特殊脱贫经历的社会文化价值，建设特有文化优势支撑的智力成果，并形成文化产品，向全社会进行宣介，以发挥其引领作用。乡村振兴体现了党的使命、时代的呼唤、发展的必然、人民的期盼。相比之下，在智力上脱贫、不返贫以及走向富足是初级目标，而能够转换为智力的创造者和引领者，才是智力扶贫的终极目标，是乡村振兴的题中应有之义和终极宗旨。

总之，智力扶贫的未来发展之路不仅是在既有实践路径上的查漏补缺，还应包括更高层次的探索跃升。从“外力为主”到“内生自主”，从“以点带面”到“固点扩面”，从“相向而行”到“深度嵌套”，以及从“扶贫助弱”到“后发振兴”的“四个升级”，既是基于新的国家战略要求，也是华南理工大学和全国诸多地区智力扶贫实践的经验延伸，更是智力帮扶地区的切实需求，符合亿万农民对美好生活向往的需求。因此，在深化智力扶贫体系的过程中，一方面要加大智力扶贫的精准性，另一方面要瞄准智力扶贫的终极目标迭代升级。从“智力输入”为主到智力帮扶地区持续性的“智力内生”和更高级形态的“智力输出”，代表的是智力扶贫的完整“行动链”和理想愿景，而这一愿景的实现需要更多的有“智”之士躬身入局、担当作为。这一愿景的实现过程也必将书写出我国更加光彩夺目的全面振兴新篇章。

附录一
华南理工大学教育脱贫攻坚大事记（2013—2020年）

2013年

· 2013年3月，华南理工大学按照教育部关于滇西边境山区区域发展与扶贫攻坚工作的统一部署，定点帮扶云南省临沧市云县，选派资产经营有限公司党委书记朱文建到云县挂职担任副县长，同时选派党委研究生工作部副部长黄国清到云南省普洱市孟连傣族拉祜族佤族自治县（下称“孟连县”）挂职担任副县长。

· 2013年4月，广东省确定河源市和平县彭寨镇群联村（下称“群联村”）为华南理工大学对口帮扶单位。学校选派党委办公室（学校办公室）正科级干部梁劲作为驻村干部进驻群联村。

· 2013年6月，孟连县组团赴华南理工大学商谈产学研合作事宜，调研华南理工校友企业并开展招商洽谈。

· 2013年6月，成立华南理工大学扶贫开发领导小组，学校党委书记、校长任领导小组组长。

· 2013年7月，广东粤微食用菌技术有限公司副董事长李森柱一行到孟连县考察并指导食用菌资源开发。

· 2013年7月，华南理工大学建筑学院周剑云教授、郑力鹏教授带领博士科技服务团到孟连调研，开展孟连城乡规划问诊、娜允古镇保护与开发调研指导，代表学校捐建孟连民族小学爱心图书室。

· 2013年7月，华南理工大学党委书记杜小明带领调研组赴云县、孟连县，围绕边区建设、基层党建、绿色生态种植产业、城乡发展规划等内容进行调研。

· 2013年7月，学校研究生暑期社会实践团队赴孟连县富岩乡开展暑期支教活动，并对孟连县的教育状况做专题调研，形成调研报告。

· 2013年8月，华南理工大学邀请广东省中医院孔畅、林强、林良才三位专家赴孟连义诊并在县人民医院做专题培训。

· 2013年8月，华南理工大学轻工与食品学院吴辉教授，校友企业家林岩、刘睿等一行赴孟连专题调研农产品深加工，现场指导解决企业生产过程中的问题。

- 2013年8月，华南理工大学新闻与传播学院朱剑飞教授、黄桂萍副教授一行赴孟连，就孟连形象宣传片制作开展前期调研。
- 2013年8月，华南理工大学启动群联村村委会综合维修改造一期工程。
- 2013年9月，临沧市委常委、云县委书记李志勇率领党政代表团来校商谈对口帮扶工作和校地合作事宜。校地双方签订了《华南理工大学—云县对口帮扶战略框架协议》。
- 2013年10月，由华南理工大学、广州电视台和珠江电影制片厂的专家、教授及导演组成的联合拍摄组一行7人，到孟连拍摄孟连形象宣传片。
- 2013年12月，临沧市云县县长唐永飞一行访问华南理工大学，与学校建筑设计研究院就云县大控蚌地热资源的开发利用和规划设计进行了深入探讨。
- 2013年12月，华南理工大学党委常委、党委办公室（学校办公室）主任陶韶菁带队到群联村调研指导帮扶工作，慰问贫困户。
- 2013年12月，华南理工大学支持群联村启动冬修水利工程，完成1.2公里三面光引水渠修复，受益农田211亩、村民176户。
- 2013年12月，华南理工大学建筑学院党委书记司聚民和周剑云教授第二次赴孟连调研新民居规划与设计。次年3月，《孟连村寨新民居示范工程》图纸交付孟连县政府。

2014年

- 2014年初，华南理工大学派出由中国工程院院士何镜堂牵头组成的专家小组，对云县总体规划修编进行指导，并为云县大控蚌热泉招商引资项目做了概念性规划设计方案，其中“花世界、水天堂”旅游项目方案起点高、理念新、定位准，具有很强的招商引资吸引力，该规划设计方案价值超过300万元。
- 2014年1月，孟连县公信乡班文村小学举行华南理工大学附属小学捐赠衣物和书籍发放仪式，全校108名贫困学生领取了捐赠衣物和书籍。
- 2014年1月，华南理工大学党委书记杜小明带队到群联村调研指导扶贫工作，出席礤下村村道硬底化工程奠基仪式，并代表学校向群联村捐赠扶贫资金。
- 2014年4月，华南理工大学选派电力学院党委副书记李华兵到云县挂职担任副县长，选派轻工与食品学院高级工程师陈荣到孟连县挂职担任副县长。

· 2014年4月，华南理工大学20多位外籍教师、留学生组队到群联村开展乡村义教活动，并为村小学捐赠图书和教学用品。

· 2014年6月，华南理工大学支持群联村所属的11个自然村完成11座垃圾收集站建设工作。

· 2014年7月，河源市委常委、市委组织部部长白涛到群联村考察指导村党组织建设，看望和慰问华南理工大学驻村干部。

· 2014年7月，华南理工大学工商管理学院EMBA师生集体资助患有先天性白内障的群联村贫困学生钟玉玲到广州完成手术治疗，让9岁的小女孩重见光明。

· 2014年7月，华南理工大学建筑学院师生团队到群联村开展乡村规划建设编制调研工作。

· 2014年8月，华南理工大学党委副书记、纪委书记刘琪瑾带领专家团队到孟连县调研，指导智力帮扶工作和探讨对孟连县咖啡企业的产业帮扶方案。

· 2014年8月，华南理工大学暑期“三下乡”云南支教服务队36名大学生志愿者到云县民族中学支教。

· 2014年8月，华南理工大学党委副书记、纪委书记刘琪瑾带队赴云县对接需求，商洽帮扶项目。新希望六和股份有限公司联席董事长兼首席执行官陈春花教授一同前往，为云县高原特色养殖产业把脉，提出指导意见。

· 2014年9月，华南理工大学在云南茅粮酒业集团有限公司设立“专家工作站”的申请获云南省立项批准。

· 2014年10月，华南理工大学党委副书记、纪委书记刘琪瑾到群联村考察指导帮扶工作，并代表学校捐赠扶贫资金。

· 2014年10月，华南理工大学在广州举办“2014年云县领导干部培训班”，培训云县干部50余人。

· 2014年10月，在前期试验种植成功的基础上，华南理工大学在群联村开展200亩百香果基地种植项目，发动贫困户及其他村民参加。

· 2014年11月，华南理工大学在群联村开办百香果种植培训讲座，当地村民踊跃参加学习。

· 2014年11月，由华南理工大学全额资助建设的群联村中心桥工程顺利完工并通过验收，桥面宽4.5米，承重10吨。

· 2014年11月，云县相关领导在华南理工大学2014年校友理事会暨海内外校友分会负责人会议上作专题推介。

- 2014年12月，华南理工大学开展“华工真情 迎冬送暖”——援助滇西物品捐赠活动。全校师生共捐出书籍6804册、衣物6300件、文具3827件，价值约45万元。
- 2014年12月，华南理工大学工商管理学院EMBA学员一行20人到云县游学。
- 2014年12月，在华南理工大学的协调下，上海市慈善人士秦志刚在上海企业家的支持下，为孟连县腊福小学师生每人配置一套床上保暖用品，配置羽毛球拍及羽毛球，组建校羽毛球队。

2015年

- 2015年1月，华南理工大学党委书记杜小明到群联村考察指导帮扶工作，并为学校支持建设的明福路（礤下村自然村道）、中心桥以及村委会综合改造工程等帮扶项目的落成揭牌。
- 2015年1月，华南理工大学组织群联村村民和贫困户共同成立了“华群种植专业合作社”，以发展优质水稻、百香果、高山茶油种植为“三驾马车”的产业扶贫工作全面提速。
- 2015年3月，在华南理工大学的协调下，上海市慈善人士秦志刚在上海“同一苍穹下”基金会的支持下，发动社会爱心捐赠，资助孟连县35名失依儿童的学习及生活，每个失依儿童每年获得资助款3600元，资助活动持续至今。
- 2015年4月，华南理工大学选派继续教育学院副院长张坚雄挂职担任云南省云县副县长，选派大学城校区管委会学生工作办公室副主任吴远东挂职担任云南省普洱市孟连县副县长。
- 2015年6月，华南理工大学轻工与食品学院李汴生教授赴孟连县考察调研，并代表学院与孟连华盛农牧科技发展有限公司签订了技术开发合作协议，双方围绕“滇西特色牛肉精深加工产品及技术项目”以及产业化展开合作。
- 2015年6月，华南理工大学组织开展“情牵孟连 · 爱心助学”捐赠活动，发动学校师生捐献爱心物资，折合人民币16万元。
- 2015年6月，华南理工大学资助云县一中30万元建设“华园馨香计算机室”。
- 2015年7月，华南理工大学经济与贸易学院电子商务系左文明教授等专家一行3人赴孟连县考察指导电商产业发展。
- 2015年7月，华南理工大学研究生暑期支教志愿者服务队赴孟连一中开展支教活动。

- 2015年8月，根据中央关于选任第一书记到贫困地区挂职有关工作要求，华南理工大学选派就业指导中心科长鲁明挂职担任云县茂兰镇茂兰村第一书记。
- 2015年8月，华南理工大学联系广东华文航空艺术职业学校捐资援建云县茂兰镇“后山小学爱心浴室”；联系广东户外媒体村捐资援建云县大寨镇“慢赖邦别小学爱心浴室”，解决了山区400多名小学生洗热水澡难的问题；联系香港贝尔幼儿教育集团对茂兰镇的5名特困、残疾儿童进行一对一帮扶。
- 2015年8月，华南理工大学联系广东华文航空艺术职业学校与云县教育局签署《教育扶贫战略合作协议》，对学生就读及就业进行全面帮扶。
- 2015年8月，华南理工大学继续教育学院与云县教师进修学校签署合作办学协议，在云县设立网络教育校内学习中心，在学费、免试免考、学历学分互认等方面给予多项优惠政策。此外，华南理工大学广州学院给予云县学子每人每年5000元的学费优惠。
- 2015年8月，华南理工大学党委副书记、纪委书记刘琪瑾赴孟连县考察指导工作。
- 2015年8月，华南理工大学公共管理学院党委书记邬智一行4人赴云县、孟连县考察指导，并为云县和孟连县干部进行了“群体性事件治理与舆情应对”和“基层公务员的压力化解与工作动力再注”的培训，“华园云州大讲坛”（第一期）成功开讲。
- 2015年8月，华南理工大学艺术学院党委书记冯向阳、副院长梁军教授带领的专家组一行7人赴孟连县开展为期8天的艺术教育培训交流活动。
- 2015年8月，华南理工大学党委副书记、纪委书记刘琪瑾一行赴云县考察调研，深入了解帮扶需求，对接合作。
- 2015年8月，云南省委组织部、科技厅、财政厅、人力资源和社会保障厅联合批准中国茅粮酒业集团有限公司成立“曾新安专家工作站”，工作站正式挂牌。
- 2015年8—9月，华南理工大学校长助理、经济与贸易学院党委书记吴业春及经济与贸易学院副院长江金波教授等专家一行4人赴孟连县考察指导旅游产业发展。
- 2015年8月—2016年4月，华南理工大学先后投入资金450多万元用于开通与维护“华园云州在线讲坛”，并免费向包括云县在内的整个临沧地区开放学校优质在线学习资源。

- 2015年9月，华南理工大学化学与化工学院向来自云县茂兰镇茂兰村的新生发放5000元助学金，大学城学工办给该生安排了勤工助学岗位，可为该生提供每月500元的生活补贴。
- 2015年9月，通过互联网公益众筹，华南理工大学成功筹集5万多元资金和40吨水泥帮助群联村群联小学修建操场和门坪。
- 2015年9月，云县县长唐永飞一行带队来校调研座谈，参观华南理工大学轻工与食品学院、建筑学院等，并在干部和企业人才培养、村落规划、职业教育发展、农产品加工等方面提出了具体的帮扶需求。
- 2015年起，华南理工大学教育发展基金会筹资15万元在云县设立学子助学基金，连续五年，每年提供3万元，对贫困学子进行资助帮扶。
- 2015年10月，华南理工大学轻工与食品学院李汴生教授团队与孟连华盛农牧科技发展有限公司联合申报的科研项目“孟连县生态牧场建设、肉牛育肥及特色牛肉制品加工关键技术研究与产业化”顺利通过云南省科技厅组织的专家评审，项目立项资助经费达300万元。该项目同时被推荐为“云南科技创新强省计划（农业）州（市）党政一把手科技示范工程项目”。
- 2015年10月，华南理工大学党委书记杜小明到群联村检查指导帮扶工作，推进各帮扶项目建设，第一批群联百香果开始上市销售。
- 2015年11月，华南理工大学成功举办孟连县2015年“互联网+农业”电商（广州）培训班。
- 2015年11月，华南理工大学成功举办孟连县2015年中小学骨干教师（广州）培训班。
- 2015年11月，华南理工大学附属实验学校分别与孟连县公信乡中心学校和孟连县民族小学签订结对帮扶协议。
- 2015年11月，孟连县农业科技考察团赴华南理工大学调研学习。
- 2015年11月，云县44名科级以上党政管理干部在华南理工大学参加培训。
- 2015年12月，华南理工大学生物科学与工程学院院长谭文教授到云县实地考察调研云县生物产业，并达成初步的战略合作意向。
- 2015年12月，华南理工大学联系佛山华粤教育集团、广州中元教育集团出资援建云县“大寨留守儿童之家”“棠梨坝村留守儿童之家”。
- 2015年12月，华南理工大学联系广州云纵有限公司与大寨镇古树茶专业合作社签订了商贸合同，帮助云县大寨镇销售80多万元的茶叶。

- 2015年12月，华南理工大学“构建多层次、多形式的教育帮扶体系”项目，被教育部评为2015年度“滇西边境片区精准扶贫典型落地项目”。
- 2015年12月，华南理工大学出资20万元援建孟连县民族中学计算机教室1间，为其配套45台教学用机及相关课桌椅等设施。
- 2015年12月，华南理工大学在孟连县设立“华南理工大学励志奖学金”，金额共计15万元，自2016年起连续5年，每年提供3万元奖励孟连县品学兼优的初、高中学生。

2016年

- 2016年1月，华南理工大学教育发展基金会筹资15万元设立“云县学子助学基金”，在云县实施“爱心圆梦大学”捐赠助学行动，自2016年起连续5年，每年对云县家庭经济比较困难的大学生进行帮扶。
- 2016年1月，华南理工大学争取到了中国教育发展基金会润雨计划90万元资金，用以支持云县茂兰镇阳光希望小学宿舍楼项目建设。
- 2016年1月，华南理工大学经济与贸易学院（旅游与酒店管理学院）专家组第二次赴孟连县考察旅游产业发展情况，并正式启动《孟连县旅游发展总体规划》修编工作。
- 2016年2月，华南理工大学食品科学与工程学院李汴生教授前往云县实地考察调研云县高原特色农业、中草药种植、畜牧和食品加工业。
- 2016年2月，在云县第十二届澜沧江啤酒狂欢节期间，华南理工大学联系广州白云山拜迪生物医药有限公司、得园（元亨）投资集团、香港昇丰集团、广东省物资进出口公司、广州诺诚生物制品股份有限公司等客商前往云县参加招商引资推介会，并在边境货物进出口贸易、生物制药开发、软件科技园开发等领域达成初步合作意向。
- 2016年3月，华南理工大学教育发展基金会向云县捐赠了80台mini cooper音乐播放器。
- 2016年3月，华南理工大学附属实验学校领导率附校各学科骨干教师一行6人，赴孟连县开展了为期一周的中小学教育培训交流活动。
- 2016年3月，华南理工大学挂职干部助力孟连县安居工程建设，定点联系孟连县芒信镇芒卡村，实现芒卡村建房合同签订率100%、开工率100%，竣工率名列孟连县各乡（镇）村前茅。

· 2016年3月，华南理工大学驻群联村干部梁劲获评“广东省扶贫开发‘双到’工作优秀个人（2013—2015年）”称号。

· 2016年4月，华南理工大学建筑学院教授、国家一级注册建筑师王国光，硕士生导师吴桂宁以及建筑学院负责人等组成专家团深入云县调研指导村庄规划工作，并就村庄规划为云县作“华园云州大讲坛”第二期专题培训。

· 2016年4月，孟连县医疗卫生考察团赴华南理工大学和广州市部分三甲医院考察学习。

· 2016年4月，得园（元亨）投资集团与云县人民政府签署了《云县高原特色农业及现代化产业体系构建战略合作框架协议》，并在云县注册成立云县翰林茶业有限公司，在云县第一期投资3000多万元收购3300亩生态茶园，后逐步扩大至1万多亩，建设茶厂和初制所，年产值达5000万元，填补了云县出口空白。该集团现在临沧市其他地区均有投资。

· 2016年4月，华南理工大学选派后勤处副处长赵宏挂职担任云南省云县副县长，选派经济与贸易学院副教授徐勇挂职担任云南省孟连县副县长。

· 2016年4月，广东省委确定华南理工大学定点帮扶村为揭阳市惠来县隆江镇孔美村（下称“孔美村”），华南理工大学选派校团委副书记梁劲挂职担任孔美村驻村党总支第一书记兼扶贫工作队队长，选派学校党委办公室（学校办公室）接待与会务管理科科员谢振立、研究生院培养办公室副主任郑锐奇挂职担任孔美村驻村扶贫工作队队员。

· 2016年6月，华南理工大学组织师生多次前往孟连中小学及农业科技企业开展调研活动。

· 2016年7月，云县46名科级以上党政干部来校学习，参加“华园云州大讲坛”第三期专题培训。

· 2016年7月，华南理工大学2名研究生支教团成员到茂兰支教，打造茂兰数字社区。

· 2016年7月，华南理工大学党委书记杜小明到孔美村调研扶贫工作并捐赠扶贫资金。

· 2016年7月，华南理工大学统战部门及有关专家、教授一行12人到云县开展精准扶贫调研，举办了“信息社会来临与社会转型升级”专题讲座。

· 2016年7月，由华南理工大学牵头，联合南方医科大学南方医院与孟连县医院组建的远程会诊系统正式启动。

· 2016年7月，华南理工大学党委统战部部长黄国清率领学校党外专家调研团到孟连开展“华工大讲堂”活动，调研团考察了孟连边合区、县医院等医疗部门及学校，就如何为孟连县医疗部门、中小学进行精准扶贫开展系列调研。同时，出席“华南理工大学向民族中学捐建计算机教室”活动揭牌仪式。

- 2016年7月，华南理工大学经济与贸易学院院长王仁曾、副院长陈珺到孟连慰问，捐赠华南理工大学校服并调研旅游资源和部分学校。
- 2016年7月，华南理工大学选派研究生到云县文体广电旅游局开展为期一个月的社会实践活动。
- 2016年8月，华南理工大学公共管理学院专家学者一行5人前往云县举办“群体性事件预防与应对”专题讲座。
- 2016年10月，华南理工大学帮扶茂兰社区一户茶农打造茶叶品牌“桐缘阁”，同时资助其一台佳能微单相机，帮助其开办微店“云县桐缘阁茶业”和申请微信公众号“桐缘阁茶业”。该微店当年营业额超12万元，年平均营业额超10万元。
- 2016年10月，孟连县四套班子各一名副职带队来华南理工大学进行访问并参加培训。
- 2016年11月，华南理工大学党委书记杜小明、组织部常务副部长吴垒到孟连慰问、座谈和考察。
- 2016年11月，孟连选派学校校长8名、骨干教师16名来到华南理工大学附属实验学校进行跟岗培训。
- 2016年12月，华南理工大学建筑学院叶红副教授带队到孔美村调研，开展社会主义新农村示范村创建规划设计。
- 2016年12月，华南理工大学联系和组织民间热心人士考察16名家庭困难的孟连学生，由深圳和广州的爱心人士长期资助，直到大学毕业。

2017年

- 2017年2月，华南理工大学用为孟连县添置10块电子白板众筹活动第一期的款项购买了5台65寸教学一体机、1台实物展示仪、1台打印机，分别安装在景信乡糯各村小学、景冒村小学、朗勒村小学、勐柏村小学和孟连县民族小学。
- 2017年3月，华南理工大学启动孔美村申报“广东省古村落”“中国传统村落”前期筹备调研工作。

· 2017年4月，华南理工大学启动《孟连县旅游发展总体规划》编写工作。

· 2017年4月，华南理工大学党委副书记、纪委书记刘琪瑾一行前往孟连县开展调研和考察，并代表学校参加孟连县明信片发行仪式。

· 2017年4月，华南理工大学邀请暨南大学附属华侨医院、深圳市第六人民医院7位医学专家到孟连开展义诊和培训，义诊受益人员近300人次，培训受益医生达150人次。

· 2017年4月，华南理工大学选派资产处科员曾嘉钟挂职担任孔美村驻村扶贫工作队队员。

· 2017年5月，华南理工大学选派软件学院党委副书记张健挂职担任云南省临沧市云县副县长，选派轻工科学与工程学院副研究员周雪松挂职担任滇西应用技术大学普洱茶学院教务处负责人。

· 2017年6月，孟连第二批45名领导干部来到华南理工大学参加培训。

· 2017年7月，华南理工大学联系博研慈善基金相关企业家20余人到云县大寨镇就教育帮扶开展调研，并达成捐赠建设荒田小学“爱心浴室”的帮扶意向。

· 2017年7月，云南省临沧电视台《临沧新闻联播》栏目头条以“华南理工大学全力帮扶云县精准脱贫出实效”为题，报道华南理工大学帮扶云县成效。

· 2017年7月，住房和城乡建设部办公厅发布《关于做好第五批中国传统村落调查推荐工作的通知》，孔美村正式启动申报第五批“中国传统村落”工作。

· 2017年7月，华南理工大学研究生院和团委组织相关专业学生8人分别到云县人民政府办、团县委、农业局、林业局、供销社和茂兰社区等有关部门和一家茶企进行为期三周的社会实践服务活动。

· 2017年8月，华南理工大学副校长邱学青到孔美村调研扶贫工作，并会见惠来县主要领导，推动落实孔美村历史文物建筑保护工作。

· 2017年8月，华南理工大学选派经济与贸易学院组织员（正科岗）毛善超挂职担任云县爱华镇德胜村党总支第一书记。

· 2017年9月，华南理工大学党委书记章熙春带领学校相关二级单位负责人以及专家团队赴云县开展调研考察，明确提出“走出一条具有华南理工特色的‘精准扶贫精准脱贫’之路”。

· 2017年9月，致公党广东省委会副主委、华南理工大学公共管理学院院长吴克昌教授为云县主要党政干部近百人做了题为“社会转型背景下的基层治理创新：背景与路径”的学术报告；国内知名品牌战略和传播专家、广东省新媒体与品牌传播创新应用重点实验室主任、华南理工大学段淳林教授为云县主要党政干部及当地企业界代表做了题为“移动互联网时代的整合品牌传播”的学术报告。

· 2017年10月，华南理工大学帮扶孔美村定点扶贫项目“‘五位一体’精准扶贫 协调推进乡村治理”被评为教育部“第二届直属高校精准扶贫精准脱贫十大典型项目”。

· 2017年10月，孟连县四套班子各一名副职带队来到华南理工大学进行访问并参加培训。

· 2017年11月，华南理工大学党委副书记、纪委书记刘琪瑾一行12人到普洱市调研，推进落实精准扶贫工作并捐赠图书。

· 2017年11月，华南理工大学选派生物科学与工程学院正科级辅导员韩红操挂职担任孔美村驻村扶贫工作队队员。

· 2017年11月，华南理工大学鼓励和指导孔美村青年创业致富带头人带领贫困户成立惠来县孔子美种植专业合作社，并建立电商交易平台。

· 2017年12月，华南理工大学协调广州视睿电子科技公司向云县教育系统捐赠70寸的交互智能一体机15台（价值约45万元），设备直接交付云县各乡镇小学，用于提高云县小学英语开课率，同时推动开启云县小学英语提升计划。

· 2017年12月，华南理工大学结合孔美村传统历史人文和产业扶贫成果，推出“孔子美农家香米”，打造特色鲜明的“孔子美”农业品牌。“孔子美—创意文化村落品牌形象塑造项目”获中国包装创意设计大赛一等奖。

· 2017年12月，云县县长字清华率队到华南理工大学对接帮扶工作，华南理工大学党委书记章熙春，党委副书记、纪委书记刘琪瑾先后会见。字清华县长还走访了华南师范大学附属中学、广东实验中学、执信中学、广州市第二中学、广州中学等省市重点高中，积极为云县招聘优秀退休高中教师，助力教育事业的发展，最终成功招聘到北京十二中数学特级教师刘文武、广东实验中学英语高级教师黄少云到云县一中工作。

· 2017年12月，华南理工大学争取到了中国教育发展基金会润雨计划120万元资金，用以支持云县大朝山中学、团结完全小学、茶房临云国税希望小学、漫湾新村完全小学、漫湾完全小学修建围墙、浴室和运动场等。

2018年

- 2018年1月，华南理工大学党委副书记陶韶菁率队赴云县实地调研指导精准扶贫工作，与云县委书记李明奎、常务副县长谭波等进行了全面深入的交流，并正式启动了云县全域旅游规划项目，学校组建了以吴志才教授为组长、魏立华副教授为副组长，文化旅游、规划设计、新闻传播、品牌营销等跨学科专家学者参与的全域旅游规划项目团队，开展了为期十余天的第一阶段调研考察。
- 2018年1月，华南理工大学建筑学院叶红副教授带队完成孔美村《社会主义新农村示范村整治创建规划》的编制工作。
- 2018年1月，华南理工大学指导孔美村在全县范围内率先启动并基本完成新农村示范村整治创建"三清三拆"工作。
- 2018年3月，孔美村《社会主义新农村示范村整治创建规划》获"美丽乡村·幸福蓝图"——"碧桂园杯"南粤村庄（整治）规划设计大赛特等奖。
- 2018年4月，华南理工大学党委副书记、纪委书记刘琪瑾一行6人前往普洱市调研茶产业及咖啡产业发展情况，助力普洱茶学院专业建设。
- 2018年5月，华南理工大学再次选派经济与贸易学院组织员（正科级）毛善超挂职担任云县爱华镇小忙兔村党支部第一书记。
- 2018年6月，华南理工大学联系爱心企业向云县爱华镇小忙兔村捐赠水泥25吨，村民投工投料新修了一条村组道路。
- 2018年7月，华南理工大学党委统战部部长王丹平率党外专家教授组成的统一战线支教团赴普洱茶学院开展学科建设与新教师培训工作。
- 2018年7月，华南理工大学团委首次派遣2名西部计划志愿者高琦、赵征到云县大寨镇慢赖村邦别完全小学开展为期一年的支教工作。
- 2018年7月，华南理工大学驻孔美村工作队队长梁劲获评"揭阳市扶贫模范"称号。
- 2018年7月，云县第一完全中学的15名同学参加全国青少年高校科学营·华南理工大学分营活动。
- 2018年8月，华园云州大讲坛报告会在云县举行，华南理工大学广东旅游战略与政策研究中心主任吴志才教授结合云县全域旅游规划成果和乡村振兴战略，做了题为"发展全域旅游助推乡村振兴——创造云县美好生活"的专题报告。
- 2018年8月，华南理工大学附属实验学校分别与云县民族中学、爱华完全小学和大寨镇邦别完全小学签订帮扶协议，协议双方互派优秀骨干教师交流学习。

- 2018年8月，华南理工大学党委副书记陶韶菁率队赴云南省云县实地调研指导精准扶贫工作，与云县委书记李明奎、县长字清华等进行了全面深入的交流，并开展了云县全域旅游发展总体规划项目终期汇报和投资考察洽谈等工作。规划成果被云县政府采纳并获得高度评价。《云县全域旅游发展总体规划（2018—2035年）》出台，形成了"'1+5'五位一体"的全域旅游规划成果，即一个全域旅游总体规划加一套云县形象设计系统、一套招商项目库、一个招商宣传专题片、一套品牌推广方案、一套乡村振兴民居改造指引。
- 2018年8月，华南理工大学党委副书记、纪委书记刘琪瑾带领学校附属实验学校教师和学校统一战线医疗专家团队（华南理工大学附属广东省人民医院、附属广州市第一人民医院、校医院医疗专家团队）12人，赴云县开展免费义诊、手术指导、带教查房、学术讲座等一系列教育和医疗帮扶活动。
- 2018年8月，在华南理工大学的支持下，孔美村在全县范围内率先获批惠来县"新农村示范村项目"建设，环村道硬底化项目、雨污分流项目陆续启动实施。
- 2018年9月，经过华南理工大学与云县的共同努力，华南理工大学定点扶贫县云县达到退出贫困县标准，正式退出国家贫困县行列，成为云南省首批、临沧市首个脱贫摘帽县。
- 2018年9月，临沧市50名金融干部来到华南理工大学，参加2018年云南省临沧市投融资专题培训班。
- 2018年9月，华南理工大学帮扶云县项目"打造'一体化'全域规划，构建'扶贫链'造血机制"，入选"教育部第三届直属高校精准扶贫精准脱贫典型项目"。
- 2018年9月，华南理工大学校长王迎军到学校大学生创新创业基地，调研"爱心茶"·华南理工大学精准扶贫创业项目，听取了相关负责同志介绍，并指导精准扶贫项目工作开展。
- 2018年9月，云县委书记李明奎一行15人来校调研，在华南理工大学精准帮扶云县工作推进会上，上海秦森园林有限公司与云县签订全域旅游与精准扶贫项目战略合作框架协议书。调研队伍深入广州企业招商考察，并到惠州博罗考察乡村全域旅游示范点。

- 2018年10月，华南理工大学校长高松在2018教育扶贫论坛上做主旨发言，介绍学校扶贫经验，受到教育部领导高度肯定。学校定点扶贫经验被国务院扶贫办《中央单位定点扶贫案例》收录。
- 2018年10月，华南理工大学联系广东裕丰食品股份有限公司等单位赴云县实地考察山地黑骨鸡、核桃等农特产品，签订了12亿元的投资意向书。
- 2018年11月，云县教育系统9人来到华南理工大学附属实验学校参加培训学习。
- 2018年11月，华南理工大学出版社向云县图书馆捐赠图书5000册，价值15万元。华南理工大学图书馆向云县图书馆捐赠图书10000册，价值30万元；捐赠电子书350万册，价值233万元；共享电子数据库资源，价值1852万元/年。
- 2018年11月，华南理工大学广东省村镇可持续发展研究中心常务副主任叶红副教授带队，为云县菠萝村、慢赖村、小忙兔村开展乡村规划调研，分别编制出台了三个村的《乡村发展建设规划》，并开展“华园云州大讲坛”活动。
- 2018年11月，华南理工大学鼓励支持孔美村青年创业致富带头人在村内开办制衣坊，打造“扶贫车间”。
- 2018年12月，华南理工大学党委副书记、纪委书记刘琪瑾到孔美村调研，指导孔美村党组织建设工作。
- 2018年12月，华南理工大学举办云县领导干部综合能力提升培训班，来自云县县委、人大、政府、政协各系统的干部共30人参加了培训。
- 2018年12月，华南理工大学在学校“第一届全球校友代表大会”上积极推介云县产品，帮助销售“爱心茶”1000饼，价值20万元。
- 2018年12月，华南理工大学联系广州控智电子科技有限公司向云县教育局捐赠一批教育信息化设备，价值100万元。
- 2018年12月，华南理工大学校长高松、党委副书记陶韶菁到孔美村调研，指导精准扶贫和新农村示范村建设工作。
- 2018年12月，华南理工大学校长高松带领相关部处负责人、专家、云南校友会负责人等赴云县调研。其间，学校与云县签订了《深化定点帮扶实现脱贫奔康备忘录》《消费扶贫意向书》《“爱心茶”采购协议》，并向云县捐赠价值155万元的资金和物资；华南理工大学经济与贸易学院吴志才教授被特聘为云县经济社会发展顾问。

- 2018年12月，华南理工大学争取到了中国教育发展基金会润雨计划150万元资金，用以支持云县大寨镇慢赖村邦别幼儿园建设项目。

2019年

- 2019年1月，临沧市副市长赵贵祥一行来华南理工大学走访，就临沧市存在的主要困难以及下一步工作计划与学校进行详细沟通。
- 2019年1月，华南理工大学党委组织部部长麦均洪率学校建筑设计院专家一行5人，对普洱茶学院新校区的规划建设进行考察调研。
- 2019年1月，华南理工大学驻孔美村工作队队长梁劲被评为广东省“2018年度扶贫贡献人”。
- 2019年1月，以全域旅游规划中提出的“等你千年，养你一生”为歌名的云县茶歌，在云县新年茶话会上由云县委书记李明奎宣布，并进行了首场公开演出。
- 2019年2月，根据广东省文学艺术界联合会发布的《关于认定第六批广东省古村落的通知》，孔美村入选第六批广东省古村落。
- 2019年2月，华南理工大学驻孔美村工作队队长梁劲获广东省“2016—2018年脱贫攻坚突出贡献个人”称号。
- 2019年2月，云南省委、省政府就华南理工大学对云南多地帮扶工作取得的显著成效发来感谢信。
- 2019年3月，华南理工大学党委副书记、纪委书记刘琪瑾带队到云县开展乡村振兴调研工作。
- 2019年4月，华南理工大学食品科学与工程学院党委书记谭志伟一行11人深入云县调研并开展对口帮扶工作。
- 2019年4月，华南理工大学党委书记章熙春带队到临沧市参加2019教育部滇西脱贫攻坚部际联系会、教育部直属系统扶贫工作推进会，并作为4个“精准扶贫精准脱贫典型项目”直属高校代表之一，介绍了华工—云县帮扶模式。
- 2019年4月，华南理工大学党委书记章熙春深入云县调研当地基础教育和相关产业发展状况并召开座谈会，提出学校将进一步优化、细化全域旅游规划“‘1510’一体化全域发展策略”。
- 2019年4月，华南理工大学对口帮扶云县爱华镇小忙兔村引资项目核桃加工厂完成前期征地工作，正式开工建设，项目总投资200万元。

- 2019年5月，云县彝族协会会长杨天龙一行到华南理工大学录制云县茶歌《等你千年，养你一生》并开展艺术交流活动。
- 2019年6月，《中国教育报》头版以“学校和扶贫点跳出‘产业双人舞’”为题，报道华南理工大学定点帮扶云县的工作经验。
- 2019年5月，根据广东省扶贫工作统一部署，华南理工大学选派华南协同创新研究院副院长苏秋斌挂职担任孔美村驻村党总支第一书记兼扶贫工作队队长。
- 2019年6月，根据住房和城乡建设部、文化和旅游部、国家文物局、财政部、自然资源部、农业农村部发布的《关于公布第五批列入中国传统村落名录的村落名单》，孔美村正式入选第五批中国传统村落。
- 2019年6月，华南理工大学党委副书记、纪委书记刘琪瑾主持召开专题会议，研究在校开展消费扶贫工作。
- 2019年6月，华南理工大学举办帮扶贫困地区农特产品展销会，展示销售云县、孔美村等地区的农特产品，销售额达60余万元；并开展云县农特产品技术、销售对接会。
- 2019年6月，华南理工大学轻工科学与工程学院赴滇西应用技术大学普洱茶学院开展党建活动和对口帮扶调研工作。
- 2019年7月，华南理工大学组织云县27名龙头企业负责人赴京参加“强化科技支撑，助力乡村振兴”专题培训班。
- 2019年7月，华南理工大学选派财务处正科级干部张玉彪挂职担任孔美村驻村扶贫工作队队员。
- 2019年8月，华南理工大学党委组织部部长麦均洪带队赴云县调研，召开座谈会，讨论研究云县全域规划“1510”实施方案，并为学校引进的企业——果果核桃合作社揭牌。
- 2019年8月，华南理工大学团委选派4名西部计划志愿者黄棉、熊桂、孔令融、王泽嵩分别到云县县委办公室、政府办公室、县委组织部开展为期一年的志愿服务。
- 2019年8月，华南理工大学援捐的孔美村村口景观石和文化广场落成。
- 2019年8月，在华南理工大学的推动下，全国首个县级品牌联盟——云县品牌联盟成立。联盟以云县各大产业龙头企业为主体，吸引中小企业、合作社等加入，同时聘请华南理工大学的品牌专家、校友企业家组成专家委员会，一起为云县产业发展出谋划策，为云县扶贫开发贡献力量。

· 2019年8月，华南理工大学选派建筑学院副处级组织员刘卫忠挂职担任云县爱华镇小忙兔村第一书记。

· 2019年8月，华南理工大学校长助理房俊东到云县爱华镇小忙兔村开展调研，并慰问学校驻村干部。

· 2019年9月，华南理工大学投入产业帮扶资金6万元，资助云县爱华镇小忙兔村合办核桃加工厂，并签订了合作协议。

· 2019年，华南理工大学联系唯品会信息科技有限公司，为云县300余名中小学生提供助学金70余万元。

· 2019年10月，华南理工大学党委副书记、纪委书记刘琪瑾到孔美村调研扶贫工作。

· 2019年10月，华南理工大学帮扶云县项目"以智提质　聚财育才　品牌引领助力云县县长振兴"入选"第四届直属高校精准扶贫精准脱贫十大典型项目"。

· 2019年10月，华南理工大学挂职干部张健获得"云南省脱贫攻坚奖扶贫先进工作者"荣誉称号，毛善超获得"临沧市优秀驻村扶贫工作队员"称号。

· 2019年10月，《新快报·广东扶贫特刊》用两个版面的大篇幅对孔美村从"涉毒村"到"打卡地"进行了专题报道，华南理工大学帮扶孔美村的工作引起了社会的广泛关注。

· 2019年11月，华南理工大学幼儿园前往云县草皮街幼儿园开展支教帮扶活动，并与云县草皮街幼儿园签订《华南理工大学幼儿园·云县草皮街幼儿园教育扶贫协议》。

· 2019年11月，华南理工大学附属实验学校校领导带领实验学校部分教师赴云县开展为期五天的支教活动，并向云县中小学生捐赠书本、校服等物资。

· 2019年11月，华南理工大学党委书记章熙春到孔美村调研扶贫工作，并与揭阳市委、市政府主要领导会谈。

· 2019年11月，华南理工大学离退休教工党支部向云县爱华镇小忙兔小学捐赠校服60套，价值约6000元。

· 2019年11月，华南理工大学附属实验学校与云县爱华镇小忙兔小学签订结对帮扶协议，并到部分贫困家庭拜访慰问。

· 2019年12月，孔美村94户贫困户412人率先脱贫，脱贫率达到100%。孔美村的贫困发生率、农民收入、集体收入、人居环境、村道建设、饮水安全、水利和电力设施、电视信号和宽带网络、公共服务、党组织建设十项指标均达到贫困村退出标准，从贫困村出列。

- 2019年12月，孔美村党群服务中心建设项目竣工并投入使用，华南理工大学校长高松，党委副书记、纪委书记刘琪瑾，揭阳市副市长曾瑞如，惠来县委书记蔡淡群共同为党群服务中心剪彩。
- 2019年12月，华南理工大学争取到了中国教育发展基金会润雨计划160万元资金，用以支持云县爱华镇小忙兔小学、漫湾镇密竹林小学、幸福镇幸福完全小学、大寨镇邦别完全小学运动场、厕所、食堂等建设项目。

2020年

- 2020年1月，华南理工大学党委副书记麦均洪主持召开“精准扶贫模式的高校探索——华南理工大学的实践与启示丛书”编写筹备会。
- 2020年1月，华南理工大学荣获揭阳市“优秀帮扶单位”称号，孔美村被评为“揭阳市示范村”“揭阳市特色村”。
- 2020年1月，华南理工大学援建孔美村河堤景观工程竣工。
- 2020年1月，华南理工大学开启首届“孔美少年志　华工帮扶情”冬令营活动，活动为期3天2晚，共邀请了43位贫困学生和优秀学生到广州参观。
- 2020 年 1 月，《羊城晚报》在 1 月 25 日以“毒村蝶变，孔美要建最美村小”为题，专题报道了华南理工大学定点帮扶孔美村的成效，引起社会广泛关注。
- 2020年2月，《人民日报》以“乡村旅游打出品牌”为题，报道华南理工大学对口扶贫云南云县成效。
- 2020年2月，在滇西脱贫攻坚部际联席会暨教育部直属系统扶贫工作推进会议上，华南理工大学定点扶贫云县工作受到教育部部长陈宝生肯定。
- 2020年3月，发源于孔美村的新农村建设方式“小工匠”做法获中央和省扶贫部门肯定，已在揭阳市全市推广。
- 2020年3月，华南理工大学党委副书记麦均洪主持召开定点帮扶云县工作计划研讨会。
- 2020年3月，华南理工大学党委书记章熙春召开“精准扶贫模式的高校探索——华南理工大学的实践与启示丛书”编写研讨会，成立丛书编审委员会，确定各分册负责人，持续推进丛书编写工作。
- 2020年3月，华南理工大学推动孔美村与王老吉供应商广东深华药业有限公司合作，学校投入15万元实施70亩仙草种植项目，并带动康美南药基地和省定贫困村山栗村加入种植行列。

- 2020年4月，华南理工大学云县挂职干部围绕“脱贫攻坚与乡村振兴如何实现有机衔接”主题对云县驻村工作队队员开展培训讲座。
- 2020年4月，华南理工大学—云县定点扶贫工作推进会召开。会议通过视频连线的形式举行，华南理工大学校长高松、党委副书记麦均洪，云县县长字清华、副县长周先荣、县人大常委会副主任穆天平出席了会议。
- 2020年4月，华南理工大学援建孔美村的130千瓦屋顶光伏发电产业项目通过验收，并网发电。
- 2020年4月，《中国教育报》在头版头条以“用知识让山乡挖到‘金矿’”为题，报道了华南理工大学对口帮扶云南云县的工作经验与成效，报道被教育部网站全文转发。
- 2020年5月，华南理工大学驻孔美村第一书记苏秋斌被评为2020年“广东省向上向善好青年”。
- 2020年6月，华南理工大学投入20万元，完成云县爱华镇小忙兔村村委会党群服务中心改造工程。
- 2020年6月，华南理工大学学生工作部（处）购买10000多份普洱茶赠送给全体2020届毕业生作为毕业礼物，以实际行动助力云县脱贫攻坚。
- 2020年6月，中国工程勘察设计大师、华南理工大学建筑设计研究院院长倪阳一行，到云县开展图书馆、文化馆、博物馆以及三河六岸建设调研，并开展“华园云州大讲坛”活动。
- 2020年6月，华南理工大学土木与交通学院教授虞将苗一行到云县爱华镇小忙兔村考察调研。
- 2020年7月，华南理工大学党委副书记麦均洪到孔美村调研扶贫工作，并与揭阳市委副书记陈小锋和惠来县委书记蔡淡群会谈。
- 2020年7月，华南理工大学“精准扶贫模式的高校探索——华南理工大学的实践与启示丛书”编写组到云县调研并开展旅游帮扶。
- 2020年7月，华南理工大学党委副书记麦均洪一行3人到滇西应用技术大学总部开展调研帮扶工作。
- 2020年7月，《南方日报》在“七一”建党节对华南理工大学帮扶孔美村工作和驻村第一书记进行报道，引起社会广泛关注。短短一年时间，学校帮扶孔美村工作的相关报道登上“学习强国”教育平台7次、获得新华社专题报道1次、得到广东卫视报道2次。

- 2020年8月，“华南理工大学计算机科学与工程学院结对帮扶学校”在云县职业高级中学揭牌。
- 2020年8月，华南理工大学法学院夏正林教授在“华园云州大讲坛”做了题为“基层治理中的法治思维与方式”的专题报告。
- 2020年8月，华南理工大学工商管理学院陈明教授为云县品牌联盟企业负责人开展如何打造农产品品牌的培训，培养企业的品牌意识，助力企业打造农产品品牌。
- 2020年8月，华南理工大学团委选派钟淑莹、林译涵、陈思敏、林汉轩、马弘寅、林珊、洪鑫、许永鸿等8名西部计划志愿者到云县晓街、栗树、涌宝、茶房等4个乡镇开展为期一年的志愿服务。
- 2020年8月，华南理工大学联系广东温氏集团下属广东壹先生食品有限公司与云县5家企业签署战略合作框架协议。
- 2020年8月，华南理工大学校长高松、副校长李正带队到云县调研并与西部计划志愿者座谈。
- 2020年10月，华南理工大学等帮扶孔美村项目“从重点涉毒村到美丽红色村的蝶变——华南理工大学牵头组团高校帮扶孔美村　打造定点帮扶新模式”入选“第五届教育部直属高校精准扶贫精准脱贫典型项目”（高校组团式扶贫项目）。

附录二
华南理工大学选派定点扶贫挂职干部基本情况

序号	姓名	派出时间	扶贫地点	扶贫期间职务	派出时校任职务
云南省临沧市云县					
1	朱文建	2013.4—2014.4	云南省临沧市云县	副县长	资产经营有限公司（华工大集团）党委书记
2	李华兵	2014.4—2015.4	云南省临沧市云县	副县长	电力学院党委副书记
3	张坚雄	2015.4—2016.4	云南省临沧市云县	副县长	继续教育学院副院长
4	鲁　明	2015.8—2017.8	云南省临沧市云县茂兰镇茂兰社区	驻村第一书记	学生就业指导中心就业市场与信息科科长
5	赵　宏	2016.4 2017.5	云南省临沧市云县	副县长	后勤处副处长
6	张　健	2017.5至今	云南省临沧市云县	副县长	软件学院党委副书记
7	毛善超	2017.8—2018.4	云南省临沧市云县爱华镇德胜村	驻村第一书记	经济与贸易学院组织员（正科级）
		2018.4—2019.9	云南省临沧市云县爱华镇小忙兔村		
8	刘卫忠	2019.8至今	云南省临沧市云县爱华镇小忙兔村	驻村第一书记	建筑学院副处级组织员
云南省普洱市孟连傣族拉祜族佤族自治县（简称“孟连县”）					
1	黄国清	2013.4—2014.4	云南省普洱市孟连县	副县长	研究生工作部副部长
2	陈　荣	2014.4—2015.4	云南省普洱市孟连县	副县长	轻工与食品学院高级工程师
3	吴远东	2015.4—2016.4	云南省普洱市孟连县	副县长	大学城校区管委会学生工作办公室副主任

（续表）

序号	姓名	派出时间	扶贫地点	扶贫期间职务	派出时校任职务
4	徐　勇	2016.4—2017.5	云南省普洱市孟连县	副县长	经济与贸易学院副教授
滇西应用技术大学普洱茶学院					
1	周雪松	2017.5至今	滇西应用技术大学普洱茶学院	副院长	轻工科学与工程学院副研究员
河源市和平县彭寨镇群联村					
1	梁　劲	2013.4—2016.4	广东省河源市和平县彭寨镇群联村	驻村干部	党委办公室（学校办公室）正科级干部
广东省揭阳市惠来县隆江镇孔美村					
1	梁　劲	2016.4—2019.6	广东省揭阳市惠来县隆江镇孔美村	驻村工作队队长、第一书记	校团委副书记
2	苏秋斌	2019.5至今	广东省揭阳市惠来县隆江镇孔美村	驻村工作队队长、第一书记	华南协同创新研究院副院长
3	谢振立	2016.4—2017.10	广东省揭阳市惠来县隆江镇孔美村	驻村工作队队员	党委办公室（学校办公室）接待与会务管理科科员
4	郑锐奇	2016.4—2017.4	广东省揭阳市惠来县隆江镇孔美村	驻村工作队队员	研究生院培养办公室副主任（正科岗）
5	曾嘉钟	2017.4—2019.4	广东省揭阳市惠来县隆江镇孔美村	驻村工作队队员	资产处科员
6	韩红操	2017.11至今	广东省揭阳市惠来县隆江镇孔美村	驻村工作队队员	生物科学与工程学院正科级辅导员
7	张玉彪	2019.07至今	广东省揭阳市惠来县隆江镇孔美村	驻村工作队队员	财务处正科级干部

附录三
历届教育部直属高校精准扶贫精准脱贫典型项目

高校名称	项目名称
第一届教育部直属高校精准扶贫精准脱贫十大典型项目	
湖南大学	“花瑶花”文化创意产业精准扶贫项目
华中科技大学	科学精准规划　共建美好家园
中国药科大学	发挥药学优势　全力打造“巴山药乡”品牌
清华大学	教育帮扶南涧县典型项目
上海交通大学	思源致远，携手发展
华中农业大学	大力实施“六个一”模式　提升产业精准扶贫效能
北京大学	探索“1+8”帮扶模式　加快推进精准扶贫工作
北京交通大学	发挥学科优势特色　扎实有效推进扶贫工作
浙江大学	科技引领，助推产业扶贫
复旦大学	建立系统长效机制　深入推进健康扶贫
第二届教育部直属高校精准扶贫精准脱贫十大典型项目	
湖南大学	基于地域特色（花瑶）农旅融合创客孵化项目
南京农业大学	“四位一体”助力定点扶贫“精准”落地
中国药科大学	“中药配方颗粒”产业精准扶贫项目
华南理工大学	“五位一体”精准扶贫　协调推进乡村治理
上海交通大学	科技助力产业
浙江大学	洒向苗疆都是爱　育得苗岭花盛开——浙江大学医学院附属第二医院组团式帮扶贵州省台江县人民医院纪实
厦门大学	厦门大学发挥校友作用　推动定点扶贫工作见实效
重庆大学	构建“一二三六”精准扶贫模式　探索精准扶贫新路子

（续表）

高校名称	项目名称
中国农业大学	依托建设平台，激发内生动力 “三精准”助力产业发展
华中科技大学	整合资源精准造血构筑“三个三”健康扶贫体系
第三届教育部直属高校精准扶贫精准脱贫十大典型项目	
华南理工大学	打造“一体化”全域规划，构建“扶贫链”造血机制
南京农业大学	“用金牌、助招牌、造品牌”铸就精准脱贫持久内生动力
华中农业大学	本禹志愿服务队实施“四大工程”助力精准扶贫
浙江大学	景东无量山乌骨鸡良种繁育及产业化技术示范推广
湖南大学	贫困地区人居环境治理模块化系统解决方案
电子科技大学	智慧岑巩 脱贫奔小康
中国药科大学	镇坪县飞渡峡“中药康养小镇”建设项目
中国农业大学	党建扶贫“1234 培养“一懂两爱”农业队伍
同济大学	规划引领，绘就美丽乡村新蓝图
华中科技大学	科技创新培育特色产业 绿水青山就是金山银山
第四届教育部直属高校精准扶贫精准脱贫十大典型项目	
中国药科大学	发展康养产业 巩固脱贫成果 助力乡村振兴
中国农业大学	“科技小院”扶贫新模式 助力镇康县脱胎换骨
中山大学	阿者科计划
南京农业大学	“南农麻江 10+10”行动计划 探索精准扶贫乡村振兴新路径
四川大学	搭建医疗扶贫彩虹桥 救助儿童先心病患者
华南理工大学	以智提质 聚财育才 品牌引领助力云县长振兴
西北农林科技大学	“三团一队”精准发力 助推合阳脱贫摘帽
厦门大学	建设扶贫产业园 探索帮扶新模式
西安电子科技大学	“农掌门”科技扶贫 搭建农民致富新平台
电子科技大学	打造“电子信息 + 教育”扶贫新模式 深入推进“1234”基础教育强基工程

（续表）

高校名称	项目名称
第五届教育部直属高校精准扶贫精准脱贫典型项目	
华南理工大学等	从重点涉毒村到美丽红色村的蝶变——华南理工大学牵头组团高校帮扶孔美村　打造定点帮扶新模式（高校组团式扶贫项目）
西北农林科技大学	让青春梦想与脱贫攻坚同频共振——西北农林科技大学研究生助力脱贫攻坚的探索与实践
西安电子科技大学	金银花开金银来　校地共谋大产业
浙江大学	紫金普洱：一片叶子富一方百姓——浙江大学助力景东茶产业项目简介
电子科技大学	智慧大农业打造精准扶贫新模式，拉开乡村振兴新篇章
中国传媒大学	“光明影院”构筑脱贫攻坚道路的“文化盲道”
兰州大学	书写在陇中黄土高原上的“小草大事业”
中国药科大学	我在镇坪有块“田”　巩固提升脱贫成效　压茬推进乡村振兴
清华大学	首创“乡村振兴工作站”模式　助力脱贫攻坚到乡村振兴的有效衔接
重庆大学	“五帮五促”助攻坚，稳边富民促振兴
吉林大学	养殖场管家，助力农民养牛羊
华中农业大学	弘扬新时代愚公精神　铺筑脱贫振兴希望路

资料来源：依据中华人民共和国教育部网站资料整理而成。

后 记

春播希望种，秋收硕果满神州。2013年起华南理工大学定点帮扶云南省云县、孟连县以及广东省孔美村。2018年9月，云县成为云南省史上第一次、滇西第一批、临沧第一个脱贫摘帽县，正式退出国家贫困县行列。随后，孔美村94户贫困户412人全部脱贫，从贫困村出列。2019年4月，华南理工大学党委书记章熙春再次踏足云南省云县，与吴志才教授等专家团队以及云县挂职副县长张健一同调研时指出，2020年是新时代精准扶贫精准脱贫关键之年，也是决战决胜脱贫攻坚的收官之年，华南理工大学作为“双一流”大学应该有责任担当，总结高校精准扶贫工作经验，推动扶贫成果转化，深化理论模式推广，为高校精准扶贫的理论突破贡献“华工智慧”，同时为后2020时期乡村振兴接续脱贫攻坚高校承担的新使命提供“华工方案”。在此背景之下，“精准扶贫模式的高校探索——华南理工大学的实践与启示丛书”由此诞生。

随后，华南理工大学举全校之力推进丛书编写工作。由学校党政领导统筹，党委组织部、社会科学处、学校出版社等多部门联合推进，汇集公共管理、工商管理、旅游管理等跨学科专家智慧，一线扶贫干部全面参与，历时半年先后举行近十次编写研讨会及近十次实地调研，最终形成三本著作，即《授人以渔：重教扶智实践与创新》《产业崛起：兴业扶产实践与创新》《全域共兴：振乡扶民实践与创新》，总结出华南理工大学“三扶一体”活血路径，“三力协同”长效机制的扶贫模式。此套丛书的编写是对华南理工大学扶贫模式的深化与提炼，华南理工大学定点扶贫的每一个成果，都倾注了无数华工人和云县、孟连县、孔美村等帮扶地区所有党政机关部门及民众的心血与汗水；每一个鲜活、生动的案例背后都是一个个有理想、有抱负、有坚强意志的扶贫干部的缩影，为我们呈现了一幅高校定点扶贫事业的真实图景。

精准扶贫，重在扶智。本书《授人以渔：重教扶智实践与创新》作为分册之一，正是从“扶智”角度入手，聚焦高校精准扶贫实践中的智力扶贫举措，系统阐释智力扶贫的一般机理和华南理工大学特色样板，从而为全国其他地区和高校的相关探索提供政策启发。华南理工大学被誉为“企业家、工程师的摇篮”，履行智力帮扶使命，助力滇西边境山区和广东省内贫困村脱贫致富加速腾飞，既是国家对学校的信任和肯定，也是学校发挥社会服务功能、加快内涵式发展，提高中国特色办学水平的重要机遇。而经过八年的持续摸索，华南理工大学以“党政引智”为“纲”，以“孕才育智”为“柱”，以“长效增智”为“径”，探索形成了由“引智（intelligence delivery）—育智（intelligence education）—增智（intelligence accumulation）”构成的具有鲜明特色的智力扶贫“I-DEA”模式，促进了定点帮扶地区的经济、社会、文化与教育发展并提升了其持续发展潜力。更为重要的是，华南理工大学探索“I-DEA”智力扶贫模式的成功经验集中体现了高校智力扶贫的“理念引领”优势及其作用机理，对国内其他地区和高校具有普遍的借鉴意义和样板价值，也为我国精准扶贫工作的重大理论和现实问题贡献了“华工智慧”。

值此新书付梓之际，需要向对本书撰写提供大力支持的领导干部和专家学者以及编写组成员致以诚挚的感谢。本书编写得到了云南省临沧市云县、孟连傣族拉祜族佤族自治县，广东省揭阳市惠来县孔美村等地领导和驻村干部的大力支持，华南理工大学党委书记章熙春，中国科学院院士、校长高松，党委副书记刘琪瑾、陶韶菁，党委副书记、党委组织部部长麦均洪，副校长李正等多位校领导及部门领导多次组织专家组前往各定点帮扶地区实地调研，并召开专题论证会推进书稿写作，为本书的完成提供了全方位的支持和帮助。感谢为本书编写贡献智慧的吴志才教授，以及提出中肯修改意见的李秋成主任、林辉煌副研究员、蒋红军副教授、李棉管副教授等专家。本书具体写作分工如下：前言由李慧龙等撰写；第一章由彭睿、朱少瑞等撰写；第二章由文婉慧等撰写；第三章由梁琴撰写；第四章和第五章由王峥等撰写；第六章、第七章和后记由尉馨元与李慧龙撰写。此外，本书的出版亦有赖于华南理工大学出版社和相关部门的辛勤工作，是你们的务实作风、负责精神和认真态度，使本书得以顺利出版而呈现给读者。本书是大家共同协作的智慧结晶，在此一并感谢。对于书中可能存在的疏漏之处，还请各位方家多批评指正。